亲子智力游戏 200个

董 颖 主编

吉林科学技术出版社

图书在版编目（CIP）数据

亲子智力游戏200个 / 董颖主编． -- 长春：吉林科学技术出版社，2013.2
ISBN 978-7-5384-6490-0

Ⅰ．①亲… Ⅱ．①高… Ⅲ．①智力游戏－学前教育－教学参考资料 Ⅳ．① G613.7

中国版本图书馆CIP数据核字（2013）第 002311 号

亲子智力游戏200个
Qinzi Zhili Youxi 200ge

主　　编	董颖
编　　委	朱家乐　石榴　谢勇　周亮　王玉立　陈莹　周密　盛萍　彭琳玲 王玲燕　李静　秦树旺　陈洁　吴丹　蒋莲　柳霞　尹丹　刘润钢 邹丹　曹淑媛　陆林　周宏　李志强　易志辉　康儒　谭阳春
出版人	李梁
责任编辑	孟波　赵沫
封面设计	长春市一行平面设计有限公司
制　版	长春市一行平面设计有限公司
模特宝宝	禹博　冷明徽　冷明憶　李雨霏　杨梓涵
开　本	889mm×1194mm　1/20
字　数	190千字
印　张	12
印　数	1—11000册
版　次	2014年8月第1版
印　次	2014年8月第1次印刷

出　版	吉林科学技术出版社
发　行	吉林科学技术出版社
地　址	长春市人民大街4646号
邮　编	130021
发行部电话/传真	0431-85635177　85651759　85651628 　　　　　　　85635181　85600611　85635176
储运部电话	0431-86059116
编辑部电话	0431-85652585
网　址	www.jlstp.net
印　刷	长春第二新华印刷有限责任公司

书　号	ISBN 978-7-5384-6490-0
定　价	35.00元

如有印装质量问题　可寄出版社调换
版权所有　翻印必究　举报电话：0431-85674016

前言
Qianyan

  我做编辑工作十多年了,从一个小姑娘到嫁为人妇,直到成为妈妈,这十多年的人生体验,也让我对早教图书的认识发生了很多的变化。不做妈妈不知道教育的重要,不做妈妈不知道陪伴的作用,这些经历也让我明白做早教类图书,最重要的是心的投入,感情的注入,没有经历的书写不能真正的帮助渴求的父母,不能真正的助长孩子。

  这本书是套书中的一本,是在人们日益关注教育、家庭、学校和社会问题的大环境下与读者见面的,其意义不只是让更多的人了解早教的真谛,更多的是激励家长真正行动起来,全身心地和孩子在一起,陪伴他们一起游戏,一起画画,一起唱唱跳跳,一起成长。孩子的成长本身就是一个教育的过程,只要用心地陪伴,就能真正了解孩子,体会孩子的需求。

  书中共收录了为0~3岁宝宝量身定做的互动游戏200个左右,游戏介绍之后,还附有资深早教培训师的贴心点评,这些游戏点评,指导孩子的父母如何将这些游戏灵活运用。让孩子在玩儿的同时,自由而又富有想象力,开心而又开发智力。这些游戏既为孩子们提供了活动与锻炼的机会,提高了他们的身体灵活性,又培养了他们的注意力与兴趣。

  相信这些细致的游戏指导,生动的游戏方法会让父母和宝宝爱上这些游戏。

智能培养

0～3岁的宝宝主要是通过眼睛、耳朵等基本的感觉器官，来接受外界的各种刺激，获得各种体验，从而为大脑的发育奠定基础。有心的妈妈会懂得通过多种游戏来刺激宝宝的身体发育来促进宝宝智能的发育。

语言开发

语言能力的培养是在生活中随时随地进行的，和孩子的每一句对话，每一个表情，朗读每一个故事、儿歌，都是对宝宝语言能力的培养。家长选择适当的时机，捕捉合理的方法进行语言训练，寓教于乐，这种润物无声的方法往往事半功倍。

数学能力

数学是个听起来很枯燥的词汇，家长要给宝宝创造合理、舒适的环境教宝宝学数学，不要以为只要加减法才是数学，数学是一种能力，在日常生活中能找到很多提升宝宝数学能力的方法，宝宝看多了，学多了自然就会了。

阅读培养

培养宝宝的阅读习惯，最重要的是让他爱上阅读，要吸引宝宝的注意，应该选择色彩鲜艳的图书，以及有节律的、押韵的文字。刚开始，宝宝只是被动地听，逐渐就会对书产生好奇心理，父母可以尽早地给孩子读故事，让阅读成为习惯。

习惯培养

儿童时期最好的教育莫过于养成良好的习惯。父母的第一责任是教育孩子，而教育孩子的第一位就是培养孩子的好习惯。如何培养孩子的好习惯，关键在于了解孩子，知道孩子在想什么，在干什么，才能慢慢地帮助孩子养成良好的习惯。

常识认知

常识认知主要是让宝宝学会认物，了解最基础的简单常识，游戏的目的就是为宝宝提供丰富的实物和彩图，向宝宝展示各种常识，让宝宝通过视觉、听觉、触觉等多方面刺激锻炼大脑。

观察能力

家长要为孩子创造观察条件，培养孩子的观察兴趣，经常带孩子到大自然中去，让孩子在尽情地玩耍之中，观察万物的悄然变化。观察过程中，培养孩子学会合理的观察顺序，告诉孩子如何看，先看什么，再看什么。家长良好的培养方法才是一切能力提高的源泉。

艺术训练

通过艺术训练可使右脑得到刺激和锻炼，进而加强左右脑的联系，孩子对绘画、音乐有天生的喜好，家长帮助孩子进行艺术学习，能增强孩子的自信心，提高与他人合作的能力。并不是非要成为画家、艺术家才要学习艺术。

逻辑推理

逻辑推理让宝宝透过现象看本质，孩子从空间意识慢慢加强开始，他们的逻辑思维能力也在形成、加强。这时，家长应该在生活和游戏中教孩子认识一些相对概念，如大和小、高和低，并让宝宝做比较；和孩子多玩儿一些归类、配对及思维游戏，促进他们逻辑推理能力的发展。

空间知觉

让宝宝了解事物的形状、大小、远近、方位等空间特性，这对宝宝将来的生活是非常重要的。因为人是通过空间知觉过程获得对事物的感性认识的。宝宝对事物的认识只是停留在事物的表面上，所以简单的空间感游戏是非常适合孩子的。

第一章 0～1岁

宝宝抬起头吧 / 14
小手摇一摇 / 15
图案真好看 / 16
小宝宝翻翻身 / 17
爸爸在哪儿呢 / 18
感觉不一样 / 19
撕纸真好玩 / 20
投掷玩具 / 21
蹲下再站起来 / 22
一步一步向前走 / 23
妈妈的悄悄话 / 24
宝宝"a-a-a" / 25
给宝宝唱儿歌 / 26
宝宝笑一笑 / 27
拍烧饼 / 28
宝宝学"购物" / 29
再见，爸爸 / 30
宝宝做体操 / 31
认识数字"1" / 32
美丽五指 / 33
打电话认数字 / 34
给杯子排队 / 35
黑白色的卡片 / 36
小兔子乖乖 / 37
看图册猜谜语 / 38
咏鹅 / 39
看图问问题 / 40
抱着宝宝去书店 / 41
我要和妈妈一起吃 / 42
学会坐便盆 / 43
自己会拿勺子吃饭喽 / 44
小小杯子 / 45
饭前不吃零食 / 46
饭前便后洗手 / 47
洗澡时间到 / 48
下雨了 / 49
各种形状 / 50
学习分类 / 51
认识水果 / 52

认识颜色 / 53

有趣的昆虫 / 54

找玩具 / 55

找找足球运动员在哪儿 / 56

粗心的小朋友 / 57

小动物找家 / 58

分清大、中、小 / 59

随音乐摇摆 / 60

宝宝相册 / 61

健步如飞 / 62

炊具的音乐 / 63

小艺术家 / 64

手指乐器 / 65

谁能飞上天 / 66

动物运动会 / 67

镜子哈哈笑 / 68

认识不同的几何体 / 69

下雨游戏 / 70

拿和放 / 71

大树和小树 / 72

小手摁暗扣 / 73

寻找玩具 / 74

挤位置 / 75

第二章
1～2 岁

拉棍子练走 / 78

捡起来接着走 / 79

攀越小山峰 / 80

独自上楼梯 / 81

光着脚丫踩一踩 / 82

伸直和蹲下 / 83

跳起来够物 / 84

跑与停 / 85

说词组 / 86

拍手歌 / 87

我的名字 / 88

这是什么 / 89

复杂的表情 / 90

小棋手 / 91

找水果 / 92

数汽车 / 93

填数字 / 94

谁的个子高 / 95

小白兔吃胡萝卜 / 96

教宝宝学看书 / 97

翻书页 / 98

两只小鸟的故事 / 99

唱儿歌 / 100

小兔智斗大灰狼 / 101

读书"猎字" / 102

好困啊！要睡觉了 / 103

啊！危险 / 104

帮我拿饼干 / 105

小小"搬运工" / 106

自己穿衣服 / 107

各种形状 / 108

五颜六色的扑克牌 / 109

区别少与多 / 110

认识小动物 / 111

红绿灯 / 112

为什么不吃苹果核 / 113

为什么穿这件T恤 / 114

微笑和哈哈大笑 / 115

哪里不一样 / 116

看看多了谁 / 117

找食儿 / 118

好玩的"8" / 119

可爱的文字 / 120

小乌龟 / 121

画线 / 122

10个印第安男孩 / 123

唐诗《春晓》 / 124

论语《为政篇第二》 / 125

手指操《燕子妈妈和燕子宝宝》 / 126

白天和夜晚 / 127

哪些是水果 / 128

好吃的饭菜 / 129

排排顺序 / 130

少了哪一块 / 131

刮风了 / 132
找不同 / 133
我的帽子朝着你 / 134
我在你前面 / 135
快上车吧 / 136
正面和背面 / 137
这是谁的影子 / 138
拼拼图吧 / 139

斜坡练习 / 150
皮球游戏 / 151
小雨点旅行记 / 152
推车里的小宝宝 / 153
美丽的农场 / 154
接龙讲故事 / 155
小蜜蜂，嗡嗡嗡 / 156
大卡车运货 / 157
学习反义词 / 158
机灵的小老鼠 / 159
光说不做的鹦鹉 / 160
小花猪 / 161
手指会数数 / 162
哪边多，哪边少 / 163
测量家 / 164
宝宝配配看 / 165
小兔请客 / 166
小熊的生日 / 167
考眼力 / 168
松果和蘑菇 / 169
温暖的家 / 170

第三章 2～3岁

拍拍游戏 / 142
滚皮球 / 143
跳跳舞 / 144
翻筋斗 / 145
小小飞行员 / 146
用脚取物 / 147
走直线 / 148
跷跷板 / 149

望岳 / 171	心情报告 / 191
暮江吟 / 172	穿衣和脱衣 / 192
红豆 / 173	左手和右手 / 193
三字经（节选）/ 174	风从哪里来 / 194
小饭盒 / 175	教宝宝认识时间 / 195
贪吃的小猪 / 176	小蝌蚪变青蛙 / 196
三只熊 / 177	一年有四个季节 / 197
好孩子起得早 / 178	辈分歌 / 198
聪明的乌鸦 / 179	打电话 / 199
农夫与魔鬼 / 180	我是小司机 / 200
谜语 / 181	吹吹小船 / 201
好宝宝要排队 / 182	"小鸡"出壳 / 202
尊老爱幼 / 183	110、119、120 / 203
小手洗香香 / 184	抓小米 / 204
家务小能手 / 185	小手帕 / 205
勤剪指甲爱干净 / 186	缺图拼画 / 206
自己选择蔬果汁 / 187	贴五官 / 207
我爱刷牙 / 188	好眼力 / 208
自己的事情自己做 / 189	涂鸦 / 209
折叠衣服 / 190	音乐停我就停 / 210

今天宝宝做东 / 211

认识乐器 / 212

捏早餐彩泥 / 213

捏小鱼彩泥 / 214

画沙画 / 215

唱歌表演 / 216

粉刷匠 / 217

新年好 / 218

英文字母歌 / 219

折小马 / 220

折螃蟹 / 221

废物变宝 / 222

米粒粘贴画 / 223

扣子分类 / 224

西瓜皮的妙用 / 225

填空缺 / 226

彩绘纸卡配对 / 227

猜一猜这是谁 / 228

小手小手变变变 / 229

猜拳 / 230

画地图 / 231

宝贝看世界 / 232

学小鸟飞啊飞 / 233

捉迷藏 / 234

积木块 / 235

拼图 / 236

踩影子 / 237

比较厚薄 / 238

看手影 / 239

第一章

运动增进亲子关系…

0～1 岁

0～1岁的宝宝处于身体急速发育的阶段，因此有关身体运动的锻炼游戏非常适合他们。除此之外，宝宝刚刚降临到这个世界，一切对他来说都是茫然的，妈妈爸爸与宝宝的互动就显得尤为重要，不要觉得孩子就只是吃喝拉撒睡，宝宝幼小的心灵和智力的提升，就在妈妈爸爸一点一滴的关注中发展起来。

{亲子智力游戏200个}

智能培养　语言开发　数学能力　阅读培养　习惯培养　常识认知　观察能力　艺术训练　逻辑推理　空间知觉

0~1岁 1

宝宝抬起头吧

目的 可以锻炼宝宝的颈、背部肌肉，也可扩大宝宝的视野。

适合年龄 新生儿

练习次数 每天4~5次，每次1~3分钟。

游戏步骤

1. 在空腹清醒的状态下，让宝宝匍匐在床上，四肢舒展，宝宝在移动过程中就会自然地将头抬起。

2. 在移动过程中在宝宝头的两侧摇铃或摇拨浪鼓，训练其抬头及转头。在起初训练时，妈妈可以将手放在宝宝头的两侧加以保护。

小不点，大脑袋，
抬抬头，笑眯眯，
抬起来啦又趴下，
逗得妈妈哈哈笑。

◎早教老师的游戏点评：

宝宝的运动发育规律是由上而下的。表现在宝宝首先会吮奶，然后是眼功能的协调，最后是抬头、取物、站立、行走。随着宝宝不断的发育，宝宝身体各部分的活动才慢慢相互协调。宝宝各项活动的发育，并不是总以平均速度进行的。往往当宝宝学习一种新技能时，其他活动的发育将有暂时相对地停顿下来的可能。

第一章 {0～1岁}

小手摇一摇

0～1岁 2

目的	帮助宝宝逐渐认识自己的小手。
适合年龄	1个月
练习次数	每天2～3次，每次1～3分钟。

游戏步骤

1. 让宝宝依着枕头或被子躺下或半躺着，或者将宝宝抱在妈妈怀里，让他正对着妈妈，然后举起宝宝的小手在宝宝眼前晃动，引起他的注意。

2. 当念"小手快快跳"时可拉着宝宝的小手上下"跳动"等等。但拉着小手做各种动作时一定要轻柔，以免扭伤宝宝的小胳膊。

◎早教老师的游戏点评：

1个月以内的宝宝还无法认识到小手也是自己身体中的一部分。通过这个游戏可以让宝宝感受到肢体运动的节拍和速度，锻炼宝宝胳膊力度，从而锻炼胳膊大动作的能力。

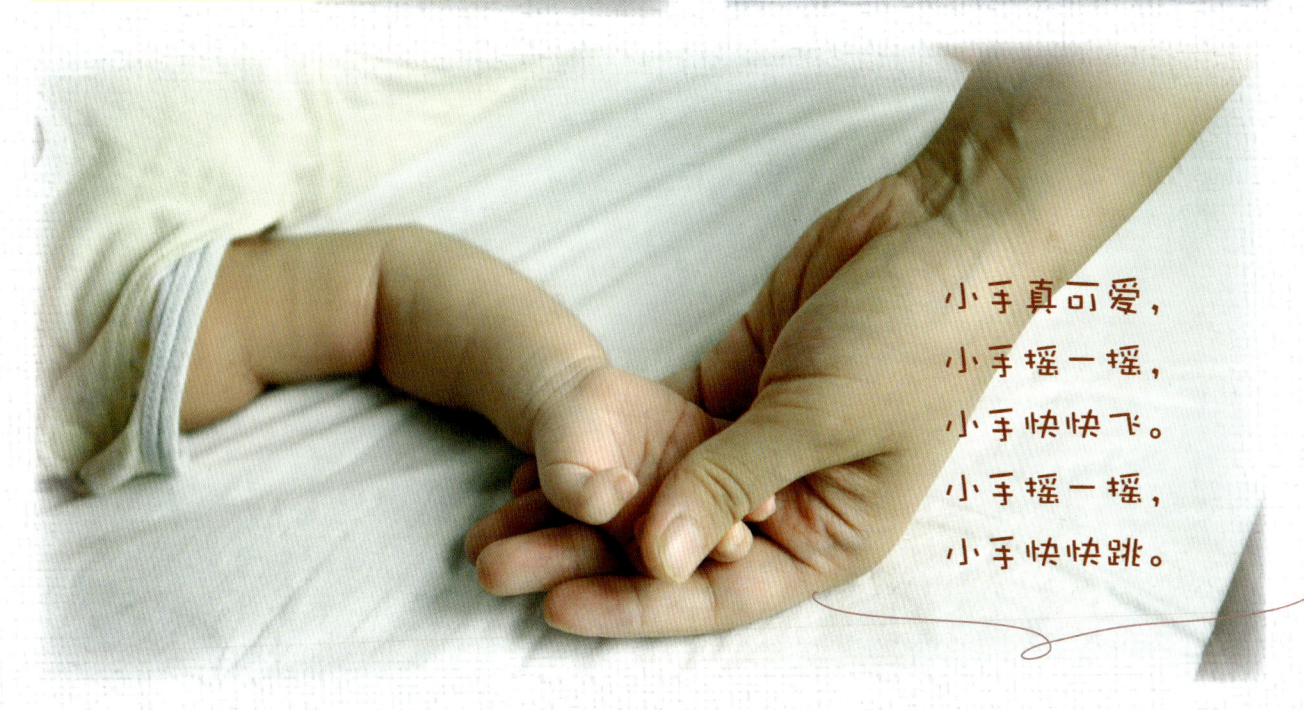

小手真可爱，
小手摇一摇，
小手快快飞。
小手摇一摇，
小手快快跳。

智能培养 语言开发 数学能力 阅读培养 习惯培养 常识认知 观察能力 艺术训练 逻辑推理 空间知觉

{亲子智力游戏200个}

0~1岁 3 图案**真好看**

目　　的	宝宝对亮度高、黑白对比强烈的图案或物品会出现明显反应。
适合年龄	1个月
练习次数	1天2次，每次1~3分钟。

游戏步骤

1. 在宝宝仰卧上方20厘米处悬挂一个红色玩具，引起宝宝的注意。然后可将玩具上、下、左、右移动，宝宝这时会慢慢移动头和眼睛追逐着玩具看。这个玩具体积不可以太大。

2. 当宝宝注意力不在这里时，妈妈可以和宝宝说"看这里"，并配合着动作提醒宝宝去看这些东西。

3. 在做游戏时，妈妈也可以在旁边给宝宝看各种图案，宝宝就会慢慢有意识地去看这些图案。

◎ 早教老师的游戏点评：

可以悬挂一些五颜六色的彩色气球、小图片、小条旗，或是爸爸妈妈的黑白相片、小娃娃、小动物等。在宝宝醒来看到这些图案会很好奇，妈妈不可以给宝宝看太过复艳丽的图案，否则对宝宝会造成视觉的不良刺激。

智能培养　语言开发　数学能力　阅读培养　习惯培养　常识认知　观察能力　艺术训练　逻辑推理　空间知觉

16

小宝宝翻翻身

目的 翻身训练是接下来坐、爬、站、走、跑、跳等大动作的基础。
适合年龄 3个月
练习次数 1天3次，每次2～3分钟。

0～1岁
4

游戏步骤

1. 先将宝宝翻身姿势事先摆好，借助外力帮助他翻身。让宝宝仰卧，妈妈手拿宝宝感兴趣并能发出响声的玩具在左侧逗引，并亲切地对宝宝说："宝宝，看！多好玩儿的玩具啊！"让他有去拿的冲动。

2. 这时将宝宝的右腿放到左腿上，将右手放在胸上，轻轻地推宝宝的肩膀，使其抬离平面，一边拿玩具逗宝宝，一边用手推背部，帮助他顺利翻身。以后，在训练时，只用玩具不必放腿宝宝就能作90°的侧翻。同时，还可用同样的方法帮助宝宝从俯卧位翻成仰卧位。

◎早教老师的游戏点评：

宝宝在经历了抬头、撑胸训练之后，他的身体发育就日渐成熟，4～5个月，宝宝就会开始有意识地翻身了，通常宝宝在3个月大的时候就能够从仰卧翻到侧卧，这时大人应该训练宝宝的翻身动作。其顺序为：从仰卧翻为俯卧，再由俯卧翻为仰卧。

{亲子智力游戏200个}

0~1岁

5

爸爸在哪儿呢

目　　的	爸爸要主动跟宝宝玩耍，宝宝会体会爸爸和妈妈的不一样。
适合年龄	4个月
练习次数	1天2次，每次1~3分钟。

智能培养　语言开发　数学能力　阅读培养　习惯培养　常识认知　观察能力　艺术训练　逻辑推理　空间知觉

游戏步骤

1. 妈妈抱着宝宝坐在床上或站在地上，爸爸和妈妈一起逗宝宝开心，充分调动宝宝的情绪，使宝宝注意力集中。

2. 爸爸藏在宝宝的侧面或背后亲切地呼唤宝宝："宝宝，爸爸在哪呢！"刺激宝宝转头寻找声源。当宝宝有转头的细微动作时，爸爸突然出现在宝宝前面，告诉宝宝："爸爸在这呢，宝宝真棒！"

◎早教老师的游戏点评：

宝宝喜欢爸爸低沉的声音和妈妈温和的呼唤，这个游戏利用宝宝对父母声音的特殊感情刺激宝宝转头。爸爸的气味、声音、胡须以及强健有力的臂膀不同于妈妈，多数宝宝都喜欢让爸爸抱着自己，将自己高高地举起来，虽然有些惊险但感觉很有意思。特别是男婴，对惊险刺激更加喜欢，更喜欢父亲豪爽的笑声。于是宝宝就开始辨别两个不一样的人，一个是妈妈，一个是爸爸，他们都很爱自己。

第一章 {0～1岁}

感觉**不一样**

0～1岁
6

目　　的　通过感受不同的事物，可以认识不同物质的不同属性。
适合年龄　5个月
练习次数　1天1次，每次3～5分钟。

游戏步骤

抓握不同感觉的物品，要将触感上反差较强的物品准备出来，比如积木、海绵、塑料纸、报纸、热水、冷水、湿毛巾、干毛巾等。依次让宝宝感受一下，让他知道硬的、软的、光滑的、粗糙的、热的、冷的、湿的、干的。

◎早教老师的游戏点评：

每次都要准备两种反差较强的物品，如木球和海绵球、丝绸和粗麻布等，让宝宝去触摸和抓握，通过皮肤和触摸的感觉去感受不同事物的不同属性。

智能培养　语言开发　数学能力　阅读培养　习惯培养　常识认知　观察能力　艺术训练　逻辑推理　空间知觉

{亲子智力游戏200个}

撕纸真好玩

0~1岁 7

目　　的	通过宝宝对各种纸张的多次触摸，体验触摸纸张的感觉。
适合年龄	6个月
练习次数	1天1次，每次5分钟。

智能培养　语言开发　数学能力　阅读培养　习惯培养　常识认知　观察能力　方式训　逻辑推理　空间知觉

游戏步骤

1.准备各种质地的纸，如卫生纸、报纸、杂志纸等，让宝宝在床上稳坐，将纸放在宝宝前面，妈妈先撕几张给宝宝看，然后和宝宝一起撕，拉着宝宝的小手捡起大纸片，让宝宝的小手捏着纸片撕扯。

2.等宝宝自己会撕了后，妈妈在一旁观察，让宝宝尽情地撕扯着玩，在宝宝每撕一块纸后，就要及时鼓励宝宝："宝宝撕得真好，加油！"不能用过硬的纸，防止宝宝将小纸片放到嘴里。

3.在宝宝撕纸的时候妈妈可以用"刺啦、哗啦"的声音来鼓励宝宝撕纸。注意撕纸时，不要让宝宝过度用力，避免弄伤手指。

◎早教老师的游戏点评：

在撕纸的过程中，锻炼了宝宝手部精细动作能力。撕纸的动作是让宝宝的指尖得到摩擦，而指尖的摩擦对开发孩子的智力是很有帮助的，并且撕得越小越好，家长要及时鼓励。如果宝宝再大一点，就可以让他玩细沙子，可以买一些沙滩玩具，用一个纸盒或盆子装一些沙放在家里，这对指尖的摩擦效果也很好。

第一章 {0～1岁}

投掷玩具

目　　的	锻炼宝宝的手臂肌肉。
适合年龄	9个月
练习次数	1天1次，每次3分钟。

0～1岁
8

游戏步骤

1.用旧报纸（玩具球也可以）捏几个直径4～5厘米的纸球；准备一个鞋盒，去掉盖子，构成一个开口纸盒子。将纸盒子放在地板上，让宝宝站在离纸盒子70厘米左右处，妈妈先拿起一个纸球投进盒子里面，然后给宝宝一个纸球，告诉宝宝："宝宝，投进去。"宝宝会模仿着妈妈的动作往纸盒子里投球。

2.妈妈可拿一个球给宝宝做示范，让宝宝学着妈妈的样子拿球、扔球。在宝宝投进去后，妈妈要给予鼓励，"哇，宝宝好棒哦！"如果宝宝准确率很低的话，可将盒子适当移近10～20厘米，以免宝宝总因投不进去而失去兴趣。

◎**早教老师的游戏点评：**

可以锻炼宝宝自主拾取东西的能力，同时锻炼宝宝向目标集中的能力。当宝宝投入一个时，爸爸或妈妈要给予一定的鼓励。

智能培养　语言开发　数学能力　阅读培养　习惯培养　常识认知　观察能力　艺术训练　逻辑推理　空间知觉

21

{亲子智力游戏200个}

蹲下再站起来

0~1岁 9

目 的	锻炼宝宝全身肌肉，提高宝宝反应的灵敏度和协调性。
适合年龄	11个月
练习次数	1天2次，每次3分钟。

游戏步骤

1. 和小朋友一起玩，喊"蹲下"时两个小朋友一起蹲下，喊"起立"时再一起站起，让宝宝熟悉口令，爸爸妈妈喊着"蹲下""起立"时，让宝宝自己跟着口令做动作。

2. 当宝宝蹲下后可以顺利地再站起来，并且能够保持身体平衡时，就说明已经到了宝宝学走路的最佳时期。

◎ 早教老师的游戏点评：

当宝宝能够单手、最好是双手离开支撑物，蹲下捡起玩具可以很顺利地再站起来，并且能够保持身体平衡时，就说明已经到了宝宝学走路的最佳时期。因为宝宝如果学走路，需要腿部肌肉具有足够大的力量，这样蹲下站起，正是锻炼走路的最好办法。

智能培养　语言开发　数学能力　阅读培养　习惯培养　常识认知　观察能力　艺术训练　逻辑推理　空间知觉

第一章 {0～1岁}

一步一步向前走

目　　的	让宝宝感觉到前行后退的身体变化。
适合年龄	12个月
练习次数	1天3次，每次3分钟。

0～1岁
10

游戏步骤

1. 让宝宝踏着妈妈的脚背学走。妈妈面对宝宝，用双手拉着宝宝的小手，让宝宝的两脚踏在自己的脚背上。

2. 待宝宝站稳后，妈妈向后倒退走，宝宝踏着妈妈脚背向前走，边走边说："宝宝学走路，跟着妈妈走，走呀走呀走"。宝宝学会了两脚交替向前迈步的动作后，妈妈可以教她向后走。

◎ **早教老师的游戏点评：**

宝宝初学走路，往往就是在摸索着如何掌握好重心来协调行走的步伐。宝宝一般在10个月后，经过扶栏的站立已能扶着床栏横着走了，到了11个月时，这个动作就基本掌握得很好了，可以开始实际的走路训练了。学步应当顺应宝宝的发育水平和能力，循序渐进。爸爸妈妈不要急于求成；更不能怕宝宝摔跤、磕碰而久久不敢放手，以至于影响宝宝正常的成长发育。

智能培养　语言开发　数学能力　阅读培养　习惯培养　常识认知　观察能力　艺术训练　逻辑推理　空间知觉

{亲子智力游戏200个}

0~1岁 11 妈妈的悄悄话

目　的 爸爸妈妈要注意和宝宝多说话，以激发宝宝的语言能力。
适合年龄 新生儿
练习次数 每天多次，无时间限制。

游戏步骤

1. 妈妈用柔和的语调对宝宝说"宝宝看见妈妈了吗？""宝宝，我是妈妈，妈妈喜欢宝宝"等。

2. 喂奶时妈妈轻轻呼唤宝宝的小名，并跟宝宝说："宝宝饿了，妈妈给你喂奶了，宝宝真乖"等，可以反复地说。

◎早教老师的游戏点评：

对宝宝说悄悄话可随时进行，根据具体环境和场合选择具体的内容，当然内容要很简单，对于大人来说信息含量较少的话语，对于宝宝来说很陌生，很有吸引力，父母不妨用柔和亲切的声音、富于变化的语调经常与宝宝讲悄悄话。

宝宝 "a-a-a"

目的 爸爸妈妈要注意和宝宝面对面说话，以激发宝宝的模仿能力。
适合年龄 2个月
练习次数 每天多次，无时间限制。

0～1岁 12

游戏步骤

1. 在宝宝精神饱满时逗他开心，提起宝宝的兴致。让宝宝舒服地躺在小床上或者仰卧在妈妈怀里，妈妈做各种表情或动作，或发出各种有趣的声音，如鸟叫、动物叫等，吸引宝宝注视妈妈的脸庞。

2. 当宝宝将注意力集中在妈妈脸上时，妈妈要不断地学着婴儿的声音发出咿咿呀呀的声音，引发宝宝发出类似于"a-a"的声音，这时母亲可模仿并拉长宝宝的声音，发出"a-a-a"及"a—a—a—a"的声音，不断拉长宝宝的发音，诱发宝宝继续发出类似的声音。但是妈妈发出的声音不能过长，也不能复杂，最好是简单的元音字母，如"i-i-i""ya-ya-ya"等。

◎早教老师的游戏点评：

在跟宝宝说话时要面向他，这样宝宝就会盯着妈妈的口型，也想说出同样的话。当突然发现自己发出了和妈妈同样的声音时，宝宝就会异常的快乐。2个月的宝宝已经有了语言能力，嘴里能发出"咿咿呀呀"的声音。这时他们最喜欢听大人说话，尤其是听到妈妈的声音就聚精会神地倾听，而且不同声调会使他着迷，对于那些动听的歌声或尖声他都有反应。所以，2个月是宝宝语言智能的萌动时期。

{亲子智力游戏200个}

给宝宝**唱儿歌**

0~1岁 13

目的	爸爸妈妈在唱儿歌时要用欢快的语气，以激发宝宝的语言能力。
适合年龄	2个月
练习次数	1天1次，每次3~5分钟。

小老鼠，上灯台，
偷油吃，下不来。
喵喵喵，猫咪来，
叽里咕噜滚下来。

◎ 早教老师的游戏点评：

　　爸爸妈妈要注意和宝宝多说话、多唱歌、多念儿歌，以激发宝宝的语言能力。在平时与宝宝接触时，不要不理会他，而要多与宝宝交谈。比如，在给他换尿布时，先让宝宝光着小屁股玩一会儿，产生一种轻松感，这时宝宝会欢快地把腿抬起、放下。这时，妈妈就可说"嗨，好宝宝，跳跳、蹦蹦！" "妈妈给换一块干净的尿布布。"在反复这样做几次之后，每当宝宝露出屁股时，只要说跳跳、蹦蹦，宝宝就会伸腿、踢脚。

智能培养　语言开发　数学能力　阅读培养　习惯培养　常识认知　观察能力　艺术训练　逻辑推理　空间知觉

宝宝笑一笑

目　　的	适当的笑还有利于健康。
适合年龄	2个月
练习次数	1天3次，每次2～3分钟。

游戏步骤

1. 父母调节好心情，保持愉快的状态，并感染宝宝，让宝宝精神饱满。然后抱着宝宝，或者将宝宝放在舒适的地方，用指头轻轻地挠挠宝宝的身体和小脸，并做出各种夸张的表情。

2. 用愉快亲切的声音逗宝宝开心，让宝宝目光变得柔和，露出笑容。

◎ 早教老师的游戏点评：

在这个时期，训练宝宝的语言能力，要重点训练逗引其发笑。妈妈要经常通过各种方式，逗引宝宝发笑，并伴以四肢活动。爱笑的孩子招人喜欢，容易获得朋友的支持，将来会生活得更加幸福。但是过分大笑有损婴儿的健康，所以成年人在逗宝宝笑时一定要把握分寸，以免对宝宝造成伤害。这个游戏有助于宝宝养成开朗活泼的性格。

{亲子智力游戏200个}

0~1岁 15 拍烧饼

目　　的	宝宝会自言自语地说"啊不"或"啊咕"的语言。
适合年龄	5个月
练习次数	1天1次，每次3~5分钟。

游戏步骤

1. 让宝宝坐着或躺在一个舒适的游戏环境里，爸爸妈妈可以边念儿歌边根据儿歌的节奏轻拍宝宝身体。

2. 先拍拍宝宝的大腿，再拍拍宝宝的小手，宝宝要是很喜欢这个游戏，妈妈可以再换其他身体部位拍拍。

> 拍、拍、拍烧饼，拍出一个大烧饼。
> 先拍宝宝小胖腿，一下两下做烧饼。
> 再拍宝宝小肉手，一下两下做烧饼。
> 烧饼圆，烧饼香，拍个烧饼宝宝尝。

◎ **早教老师的游戏点评：**

经常抱着宝宝说话、唱歌，以刺激宝宝的语言能力。在宝宝仰卧与妈妈面对面时，用丰富的表情和亲切的语言逗引宝宝，宝宝就会笑出声来，还会一问一答地发出声音。

第一章 {0~1岁}

宝宝学"购物"

目　的 带宝宝多看新奇的东西，促进认知能力的发展。
适合年龄 10个月
练习次数 每周1次，每次15分钟。

0~1岁
16

游戏步骤

1. 带着宝宝去杂货店，在那儿宝宝会看到一些新奇的、从来没有见过的东西。这些五颜六色的货物会让宝宝眼花缭乱，刺激宝宝的好奇心。这时父母可挑宝宝感兴趣的东西给他逐个介绍，绿色的军用车玩具，又大又圆的篮球，儿童汽车等让宝宝大开眼界。

2. 不要去人太多、太嘈杂的超市。如果不方便带宝宝出去的话，可以在网上搜索一些图片和宝宝一起欣赏，但要控制观看时间和宝宝的眼睛与电脑屏幕之间的距离。

◎ **早教老师的游戏点评：**

宝宝在开始说话时，仅是无意识的，而且较容易忘记，作为家长切不可操之过急，要有耐心地去巩固宝宝无意识时说出的话，一天甚至几天能让宝宝记住一两句话，就已经取得了很好的效果。

智能培养　语言开发　数学能力　阅读培养　习惯培养　常识认知　观察能力　艺术训练　逻辑推理　空间知觉

29

{亲子智力游戏200个}

再见，爸爸

0~1岁 17

目　　的　在实际场景中教宝宝发音，提高宝宝运用语言的能力。
适合年龄　11个月
练习次数　每周1次，每次15分钟。

游戏步骤

1. 爸爸悄悄躲到门后，妈妈这时说："再见，爸爸！"并对着宝宝重复多次，示意宝宝跟着妈妈的发音学着说。

2. 宝宝成功发音后，爸爸妈妈可更换位置接着做游戏，如果宝宝表现得好，就给宝宝物质奖励或精神鼓励。

◎早教老师的游戏点评：

当宝宝已经会叫爸爸妈妈的时候，爸爸妈妈要经常与宝宝谈话并逗引和鼓励宝宝发音，即使宝宝只是发出"咿咿呀呀"的声音，爸爸妈妈也要及时应答，这样会使宝宝愉快、兴奋，愿意再次发出声音。

智能培养　语言开发　数学　阅读培养　习惯培养　常识认知　观察能力　艺术训练　逻辑推理　空间知觉

宝宝做体操

目的 在实际场景中教宝宝发音,提高宝宝运用语言的能力。
适合年龄 新生儿
练习次数 每周1次,每次15分钟。

游戏步骤

1. 让宝宝平卧,先给他摇摇胳膊和小腿,活动四肢热热身。体操开始时,妈妈握住宝宝双手手腕直臂上举至胸上方,然后弯曲肘部靠近身体双手抱于胸前,然后双手向两侧打开,再回到胸前,同时口里念着:"1234、2234"等口令,可重复多次。

2. 上肢重复几遍后可握住宝宝小腿近膝盖部,然后向上做伸直抬腿运动,再还原。重复举起放下,口里继续念:"1234、2234"等口令,反复几次。

3. 还可以根据宝宝的反应给宝宝做些肩关节、髋关节、踝关节的环绕动作,但动作一定要轻柔,环绕幅度要小。

◎ 早教老师的游戏点评:

这样一边做体操一边念口令,让宝宝与数字接触,帮助宝宝对数字建立一个模糊的概念,培养宝宝对数字的兴趣和敏感性。

{亲子智力游戏200个}

0~1岁 19 认识**数字** "1"

目　　的　教宝宝区分"1"和"2"。
适合年龄　10个月
练习次数　1天1次，每次10分钟。

游戏步骤

妈妈拿一包饼干问"你要几块？"宝宝竖起示指表示要1块。妈妈拿一整束香蕉问"你要几根？"宝宝会竖起示指表示要"1"根香蕉。这时宝宝会用示指表示"1"，就说明宝宝是真正懂得"1"个的意义了。爸爸妈妈还可以让宝宝拿1个积木，1颗珠子，宝宝都会准确无误地拿来1个。

◎早教老师的游戏点评：

这说明宝宝已经知道数字1所代表的抽象含义，如果完全没有人给以示范，宝宝难以自发地学会。宝宝不仅懂得什么是1，还能很好地运用1来和其他人沟通。这是宝宝逻辑思维和抽象思维发育的一个重要标志。

一个苹果　　一把剪刀

智能培养　语言开发　数学能力　阅读培养　习惯培养　常识认知　观察能力　艺术训练　逻辑推理　空间知觉

美丽五指

第一章 {0～1岁}

0～1岁 20

目　　的	让宝宝建立"多"和"少"及数字的概念。
适合年龄	10个月
练习次数	1天1次，每次10分钟。

游戏步骤

爸爸或妈妈和宝宝玩手指游戏，爸爸或妈妈伸出1个手指，然后让宝宝伸出1个手指；爸爸或妈妈伸出2个，让宝宝伸出2个……以此类推，让宝宝建立数的概念。

你拍一，我拍一，两只小鸡叫叽叽。
你拍二，我拍二，大兔小兔一起跳。
你拍三，我拍三，麻雀麻雀飞呀飞。
你拍四，我拍四，邻家小狗汪汪叫。
你拍五，我拍五，乌龟乌龟爬山去。

① ② ③ ④ ⑤

◎ 早教老师的游戏点评：

10个月的宝宝经过大人指导能学会在大人问"你几岁啦？"时竖起示指来回答。

要想让宝宝理解"1"和"2"的区别，明白竖起中指和示指的代表两个的意思，大概要到1周岁时，此时的宝宝虽然还不会说，头脑里已经有这样的意识，可以用手指的方式去表示，即竖起中指和示指表示要两个。这个动作也要有大人先做示范，如只竖起示指就给1个，竖起中指和示指就给两个。

智能培养　语言开发　数学能力　阅读培养　习惯培养　常识认知　观察能力　艺术训练　逻辑推理　空间知觉

{亲子智力游戏200个}

打电话认数字

0~1岁 21

目 的	让宝宝建立"多"和"少"及数字的概念。
适合年龄	12个月
练习次数	1天1次，每次10分钟。

游戏步骤

1. 爸爸或妈妈指着电话上的数字键，教宝宝认识10以内的数字。当宝宝掌握后，爸爸或妈妈说出数字，让宝宝来按键。

2. 开始时先让宝宝一个一个地按，慢慢地爸爸或妈妈可以尝试一次说3~5个数字，让宝宝连续地按键。

3. 让宝宝学会认识1~10的数字，并通过手指的按键操作建立数字的概念，顺便感受电话的特点。

◎ 早教老师的游戏点评：

宝宝还很小，数字不要学习太多，3~5个就可以了，每次玩的时间也不要太长，以免宝宝坐久了感到吃力。

给杯子排队

目 的	让宝宝建立"大"和"小"的概念。
适合年龄	12个月
练习次数	1天1次，每次15分钟。

第一章 {0～1岁}

0～1岁
22

游戏步骤

1. 妈妈把几个大小各异的杯子和碗摆在宝宝面前，依次用大杯子套在小杯子上，组成一摞。再把小杯子从大杯子中一个个拿出，排成一排。

2. 妈妈只做一次，宝宝就会按捺不住要自己动手了。开始宝宝可能动作不是很协调，总会做错，多做几次宝宝一定能够达到期望的目标。

◎ 早教老师的游戏点评：

能否适时给予宝宝能够接受的指导，对宝宝学习数学至关重要。这个游戏可以培养宝宝的观察能力、动手能力以及在实践中的思考能力。

智能培养　语言开发　数学能力　阅读培养　习惯培养　常识认知　观察能力　艺术训练　逻辑推理　空间知觉

35

{亲子智力游戏200个}

0~1岁 23 黑白色的卡片

目　　的 通过对宝宝的视觉刺激来提升他对颜色、轮廓、大小、形状的敏感度。
适合年龄 新生儿到3个月
练习次数 1天3次，每次1分钟。

游戏步骤

1. 妈妈要每天都拿一些黑白色的卡片或者物体给宝宝看。

2. 妈妈可以将卡片拿到宝宝的眼前，宝宝会主动注视，妈妈再将卡片左右和上下移动，让宝宝的视线追随。

◎早教老师的游戏点评：

新生儿只对黑白颜色的物体有感觉，彩色的卡片，其实是没有效果的，因为他们根本看不到。所以，利用黑白两色来培养宝宝的视觉才是真正科学与合理的方式。婴儿黑白卡的设计看似简单，但是功效和作用却非常巨大，它可以促进宝宝眼部细胞发育，也为日后认识更多的色彩而奠定基础。这些卡片也是图书阅读的雏形，让宝宝一点一点地对图书阅读感兴趣。

老虎

小鱼

蘑菇

松树

小兔子乖乖

第一章 {0～1岁}

0～1岁
24

目 的	通过对宝宝的视觉刺激来提升宝宝对颜色、轮廓、大小、形状的敏感度。
适合年龄	3个月
练习次数	1天1次，每次15分钟。

游戏步骤

1. 每天妈妈与宝宝在轻松而温馨的环境中开始阅读游戏。妈妈读儿歌的时候语速要缓慢，且要用鼓励的眼神看着宝宝，说："宝宝也可以和妈妈说的一样好啊！"。

2. 说儿歌的时候要像讲图书中的故事一样。对宝宝来说，书是一种能打开合上的、能学说话的玩具。妈妈要不厌其烦地重复这首新儿歌。

小兔子乖乖，把门儿开开，
快点儿开开，我要进来。
不开不开，我不开，
妈妈没回来，谁来也不开。
小兔子乖乖，把门儿开开，
快点儿开开，我要进来。
就开就开，我就开，
妈妈回来了，我就把门开。

◎ 早教老师的游戏点评：

如果妈妈能坚持每天给孩子讲一段故事，那么就是一位了不起的妈妈。别小看这每天15分钟的亲子阅读，它能让宝宝在无限的想象空间中获得巨大的乐趣。

智能培养　语言开发　数学能力　阅读培养　习惯培养　常识认知　观察能力　艺术训练　逻辑推理　空间知觉

{亲子智力游戏200个}

看图册猜谜语

0~1岁 25

目　　的　可以锻炼宝宝的思维能力。
适合年龄　6个月
练习次数　1天1次，每次12分钟。

游戏步骤

1. 妈妈给宝宝读谜语的时候要配合肢体动作。
2. 揭开谜底的时候，妈妈要把太阳和香蕉的图片，或者香蕉水果拿给宝宝看，让宝宝明白，妈妈说的是什么东西。

◎早教老师的游戏点评：

这个月龄的宝宝还不会说话，当然也不会猜出谜语的谜底，但是经常性地给宝宝读谜语，可以锻炼宝宝的思维能力，培养宝宝的动脑能力。

育儿要点

◎谜题：有个老公公，天亮就开工，有朝不见它，下雨或刮风。（打一自然物）

◎谜底：太阳

◎谜题：兄弟几个真和气，天天并肩坐一起，少时喜爱绿衣裳，老来都穿黄色衣。（打一水果）

◎谜底：香蕉

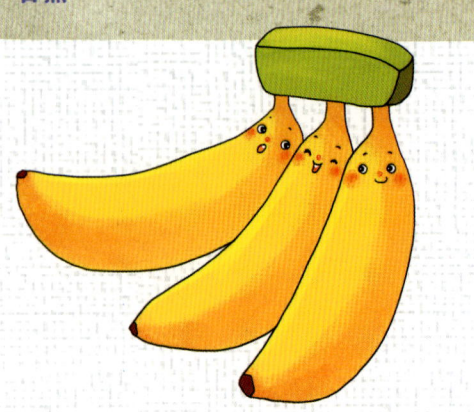

智能培养　语言开发　数学　阅读培养　习惯培养　常识认知　观察能力　艺术训练　逻辑推理　空间知觉

第一章 {0～1岁}

咏鹅

0～1岁
26

目　　的 培养宝宝的韵律感、节奏感、音乐美、美观性等特质。
适合年龄 10个月
练习次数 1天1次，每次3分钟。

游戏步骤

1.《咏鹅》是唐代诗人骆宾王7岁时的作品。全诗共四句，分别写鹅的样子、游水时美丽的外形和轻盈的动作，表达了作者对鹅的喜爱之情。这首千古流传的诗歌，没有什么深刻的思想内涵和哲理，而是以清新欢快的文字，抓住事物（鹅）的特征进行描写，写得自然、真切、传神。

2.妈妈在读这首诗的时候，可以拿出鹅的图片给宝宝看，增加宝宝对鹅的形象的认识。

咏鹅
——[唐]骆宾王

鹅，鹅，鹅，
曲项向天歌。
白毛浮绿水，
红掌拨清波。

◎ 早教老师的游戏点评：

　　妈妈要将和孩子一起读古诗当做一次生动的游戏课。如果在宝宝很小的时候就能将念书的过程非常的生动、活泼、富有趣味性地展现给孩子，孩子就会养成热爱阅读的习惯。妈妈要先将古诗读熟练后再读给宝宝听。

智能培养　语言开发　数学能力　阅读培养　习惯培养　常识认知　观察能力　艺术训练　逻辑推理　空间知觉

39

{亲子智力游戏200个}

看图问问题

0~1岁 27

目　　的	让宝宝体会看图书的感觉。
适合年龄	12个月
练习次数	1天1次，每次3分钟。

智能培养　语言开发　数学能力　阅读培养　习惯培养　常识认知　观察能力　艺术训练　逻辑推理　空间知觉

游戏步骤

1. 妈妈让宝宝看书中的第一张图片，然后问宝宝这只小猫在看什么啊？他想干什么啊？一岁的宝宝语言上还不能回答妈妈的问题，但是他能够明白妈妈的话是什么意思。

2. 妈妈继续问宝宝，这个小朋友穿什么颜色的衣服啊，和宝宝的衣服颜色一样吗？

3. 妈妈再问宝宝，这是什么小动物啊，这个小动物身边是谁啊？

◎ 早教老师的游戏点评：

图画书是亲子共享的书，妈妈不要在第一次念完书时，就问孩子刚刚听到了什么东西？也不要勉强孩子了解内容，因为孩子的个别发展有差异，可能当时他还无法接受书中的信息，但过一阵子之后，就能听得津津有味了。

小猫在看什么？

小朋友的衣服是什么颜色的？

这是什么小动物？

40

第一章 {0~1岁}

抱着**宝宝去书店**

目 的	让宝宝了解书店，认识书店。
适合年龄	12个月
练习次数	1天1次，每次3分钟。

0~1岁
28

游戏步骤

1. 妈妈或爸爸带着宝宝去书店逛逛，尤其是去儿童图书区，让宝宝初次感觉书店的样子，对阅读产生懵懂的感觉。

2. 妈妈也可以抱起宝宝，让宝宝近距离地接触书架上的图书，让宝宝自己选择想拿哪本书。

◎早教老师的游戏点评：

书店的儿童区，一般都有读书区，可以供爸爸妈妈带孩子一起阅读，爸爸或妈妈抱着宝宝一起翻看图书，同时讲述书中的故事，使孩子在听的同时，领悟读书的乐趣。

智能培养　语言开发　数学能力　阅读培养　习惯培养　常识认知　观察能力　艺术训练　逻辑推理　空间知觉

41

{亲子智力游戏200个}

我要和妈妈一起吃

0~1岁 29

目 的	跟大人一起上桌吃饭，让宝宝快乐地吃进食物。
适合年龄	6个月
练习次数	每餐。

游戏步骤

1. 宝宝和妈妈爸爸一起吃饭，宝宝坐自己的餐椅。
2. 妈妈和宝宝说："哇，饭菜真香啊！"妈妈要表现出很享受的样子。
3. 妈妈说："宝宝吃一口，妈妈吃一口。"宝宝吃自己的饭，妈妈也吃自己的饭。

◎早教老师的游戏点评：

一般6个月的宝宝就可以独坐了。喂饭时可让宝宝坐在有东西支撑的地方，还可以用宝宝专用的前面有托盘的椅子，总之每次喂饭靠坐的地方要固定，让宝宝明白，坐在这个地方就是为了吃饭。在喂饭时，妈妈用一只勺子，让宝宝也拿一只勺子，允许他把勺子插入碗中。均衡的营养能使宝宝成长得更好，但是要让他们快乐地吃进食物，才能发挥食物的营养效果。因此，应该特别注意培养亲密的亲子关系。在吃饭时，不要因进食问题而责骂宝宝，强迫宝宝进食。爸爸妈妈应该知道爱心和耐心才是宝宝最需要的。

第一章 {0～1岁}

学会坐便盆

目　的 养成早晨排便的习惯。
适合年龄 6个月
练习次数 1天1次，每次5～7分钟。

0～1岁
30

游戏步骤

1. 妈妈假装坐在便盆上，"嗯嗯嗯"，一边发出声音，一边做出使劲排便的表情。
2. 宝宝也坐在小便盆上，让宝宝模仿妈妈的表情和发声。
3. 时间一长，经过反复游戏练习，宝宝一坐盆，就可以排大小便了。但决不能强迫宝宝坐盆，如果宝宝一坐盆就吵着闹着不干，或过了5～7分钟也不肯排便，妈妈也不必太勉强，给宝宝垫上尿布就可以了。

◎ **早教老师的游戏点评：**

6个月以后，就可以开始让宝宝练习大小便了。练习时，最好在早晨吃奶后坐盆，养成早晨排便的习惯。经过一段时间的训练也会形成规律。由于是定时定量喂养，排小便的时间也逐渐会形成规律。一些生活比较有规律的宝宝，到了这个时期，排便时间也变得相对固定。爸爸妈妈如果细心观察，常常能发现宝宝的排便规律，如果依照其排便规律，训练宝宝坐便盆排便，也能达到较好的效果。

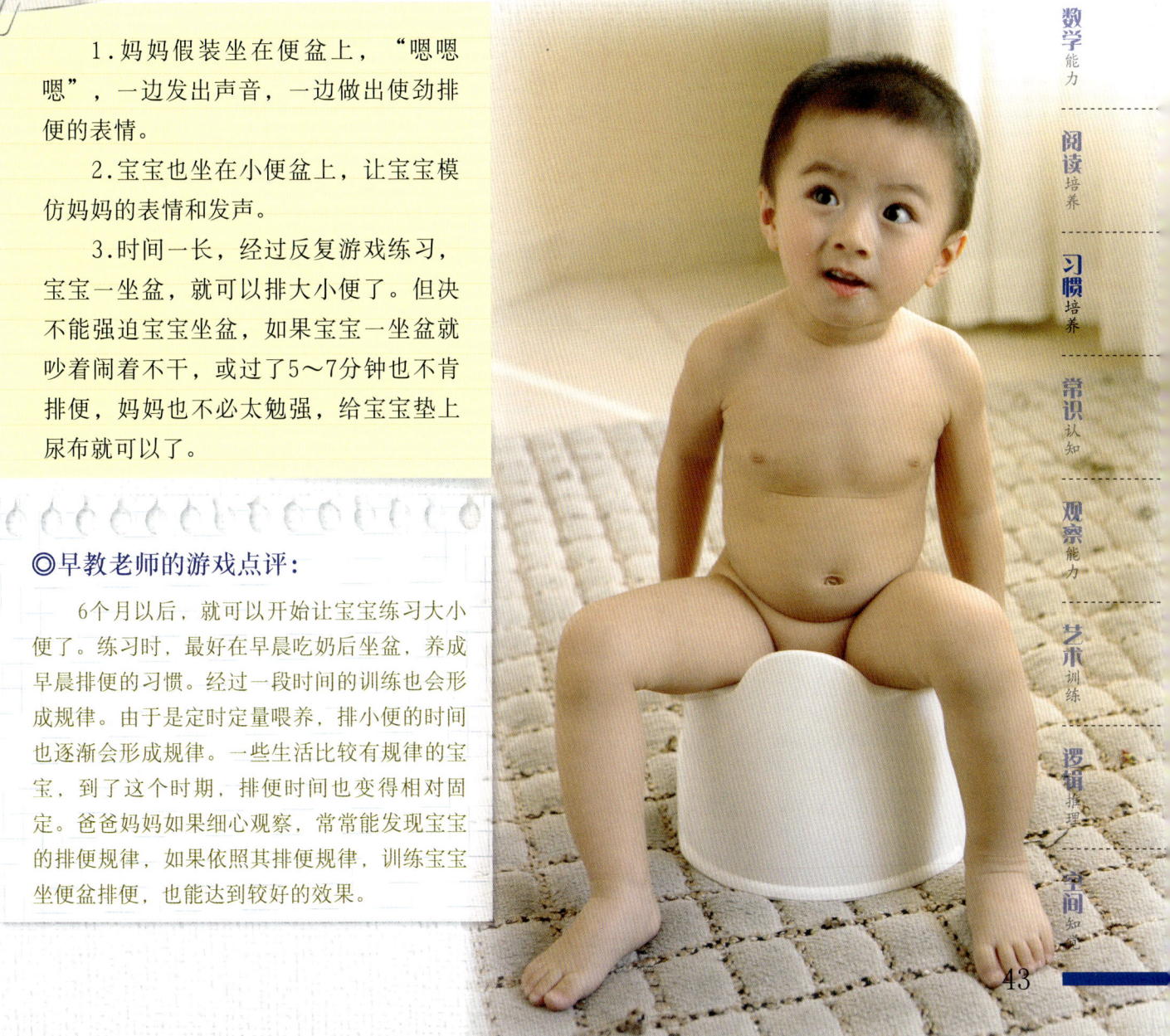

智能培养　语言开发　数学能力　阅读培养　习惯培养　常识认知　观察能力　艺术训练　逻辑推理　空间认知

43

{亲子智力游戏200个}

自己会拿勺子吃饭喽

0~1岁 31

目 的　训练宝宝认识饭菜与碗、勺，练习在碗中用勺取到食物。
适合年龄　10个月
练习次数　每餐。

游戏步骤

1. 宝宝这时已经会用示指和拇指取东西了。爸爸妈妈可以在吃饭时摆好小桌子、小椅子，让宝宝自己拿勺子先吃几勺，爸爸或妈妈在旁边可以用另一个小勺帮助喂饭。

2. 在喂饭时不要夺宝宝的勺子，仍然让他自己用勺学吃饭。如果能经常这样训练，一段时间之后宝宝就能自己吃饭了。

◎早教老师的游戏点评：

当宝宝可以坐稳，并且小手的钳取物品能力已发育良好的时候，就可以训练宝宝自己吃饭了。当然最好的时候就是当宝宝吵着要自己吃饭，不要妈妈喂，在饭桌上和妈妈抢着抓勺子时，就是训练宝宝自己吃饭的最佳时机。宝宝开始自己吃饭时，由于动作不准确，技巧不熟练，难免会漏撒食物，弄脏环境和手脸。但这时妈妈绝不能因此而制止宝宝自食的要求，而要鼓励宝宝，给他不易打碎的餐具或戴上围嘴等。

小小杯子

目的	让宝宝学会用水杯喝水。
适合年龄	10个月
练习次数	1天3次，每次3分钟。

0～1岁 32

游戏步骤

1. 把宝宝安置在一个高一点的沙发上，妈妈首先举起杯子假装喝水，同时说一些"好喝、好喝"之类的话。

2. 然后妈妈把杯子举到宝宝的嘴边，看看宝宝是否会将杯子举到嘴边，做喝水的动作。

◎ 早教老师的游戏点评：

通过妈妈的示范，引导宝宝模仿。可以让宝宝学会怎样用杯子喝水，锻炼宝宝的自立能力，同时还能形象地向宝宝阐明喝水是怎样的事情。

{亲子智力游戏200个}

0~1岁 33 饭前**不吃零食**

目的 认为到时间才进食是自然而合理的。
适合年龄 12个月
练习次数 1天3次，每次3分钟。

游戏步骤

1. 马上就要开饭了，妈妈和宝宝说："我们一起把零食收拾起来，放在柜子里吧！"
2. 妈妈将零食放起来，让宝宝也放一个。
3. 宝宝放对了，妈妈要表扬宝宝，亲亲他。
4. 每次吃饭前都要这样做，时间一长，宝宝就知道吃饭前要将零食收起来。

◎**早教老师的游戏点评：**

对于宝宝的饮食，要养成定时进餐习惯，使宝宝的消化系统能有节律地工作。要尽量避免宝宝挑食和偏食，要培养宝宝饭、菜、鱼、肉、水果都能吃，还要干稀搭配，多咀嚼，饭前不吃零食、不喝水。爸爸妈妈如果能从小培养宝宝定时吃饭的好习惯，将来要求宝宝有规律地进食就容易多了。从生理方面来讲，身体已建立起这样的生物钟，到一定的时间才感到饥饿，宝宝就会吃得又香又多。

饭前便后洗手

0~1岁 34

目　　的　培养宝宝对水的感性认识以及对水温的一些初步认识。
适合年龄　12个月
练习次数　1天1次，每次3分钟。

游戏步骤

1. 妈妈可以让宝宝坐在厨房或浴室的台子上，让宝宝能够摸到水池和水龙头，学习怎样自己洗手。

2. 在洗手的时候，妈妈要告诉宝宝干净和脏，潮湿和干燥，洗完了和没洗完，有泡沫和无泡沫，肥皂和溅水等一系列相关的事情。

小手白又白，
小手香又香，
搓搓手指，擦擦擦，
揉揉手背，呲呲呲，
我的小手最干净，
妈妈总是夸奖我。

◎ 早教老师的游戏点评：

要培养宝宝在饭前洗手、洗脸、围上围嘴的习惯，固定喂饭地点，不要边吃边玩。

要让宝宝知道不洗手吃饭会将细菌吃到嘴里，平时可以给宝宝讲一些类似细菌侵入身体的小故事，加深宝宝的印象。

{亲子智力游戏200个}

0~1岁 35 洗澡**时间**到

目　　的	培养宝宝的自理能力。
适合年龄	12个月
练习次数	几天1次，每次20分钟。

游戏步骤

1.妈妈在宝宝要洗澡的时间，拿出洗澡时要放在浴盆里的小鸭子和小船，提醒宝宝小鸭子来了，宝宝要洗澡了。

2.把橡皮小鸭子和小船放在水里，妈妈把小鸭子放到小船中，让宝宝推着小船从一端游到另一端，然后让宝宝把小鸭子拿出来，再把小鸭子放到水里，再拿出来。

◎早教老师的游戏点评：

这个时候的宝宝会在洗澡的时候玩得很开心，会减轻对洗澡的厌烦。逐渐养成爱洗澡的习惯。同时，妈妈也可以让宝宝拿着毛巾，妈妈说一个部位，宝宝就擦一个部位，训练宝宝认识自己身体的部位。

下雨了

目　　的	让宝宝了解物品的属性。
适合年龄	8个月
练习次数	1天1次，每次20分钟。

游戏步骤

1. 在雨天的时候妈妈和宝宝一起做这个游戏，妈妈说："宝宝外面下雨了，我们要是出去玩，应该带什么东西呢？"

2. 妈妈把需要用的东西和一些不需要用的东西放在一起，让宝宝找一找，带哪些才对呢？

◎早教老师的游戏点评：

家长可以带领宝宝看雨中的景物、行人。看雨滴答滴答的落下，增加宝宝的切身感受，帮助他做出正确的判断。

{亲子智力游戏200个}

各种形状

0~1岁 37

目　　的	宝宝从中可感受不同的形状和一一对应的关系。
适合年龄	10个月
练习次数	1天1次，每次20分钟。

游戏步骤

1. 妈妈指着书上的图形给宝宝看。

2. 先让宝宝看右边的物体，哪些和左边的图形的形状是一样的。

◎早教老师的游戏点评：

将近1岁的宝宝刚开始学会叫爸爸妈妈，而且也刚刚学习走路。此时可以让宝宝认识几种不同的几何图形，可以给宝宝看许多不同形状的图片，或薄片的几何图形，让宝宝认识长方形、正方形、三角形和圆形等比较规则的图形，虽然此时的宝宝还不知道这些图形对应的名字，但是宝宝可以看出图形有几个角、几个边，知道怎么把图形摆放在一起组合成新的图形。

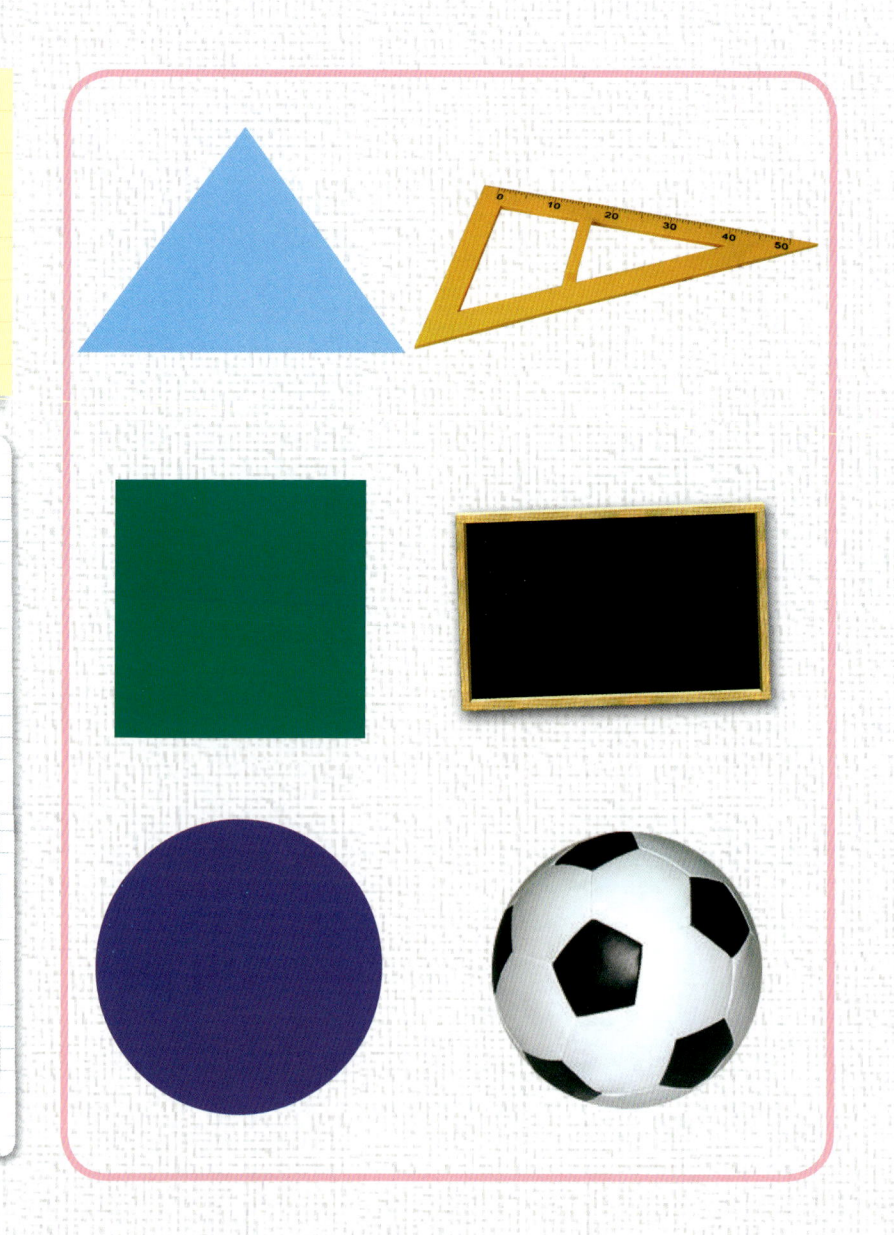

学习**分类**

目　　的	让宝宝认识物品，知道物品的分类。
适合年龄	10个月
练习次数	1天1次，每次10分钟。

0～1岁
38

游戏步骤

让宝宝观察下面这几张不同物品的图片，看看哪件东西是宝宝平时的玩具啊？哪件东西是宝宝能穿在身上的啊？

◎早教老师的游戏点评：

学习分类法把日常生活中的一些事物根据某些相同点将其归为一类。如根据颜色、形状、用途等。在归类过程中，宝宝会集中注意力，认真思考物品之间的关系从而增强其观察能力。

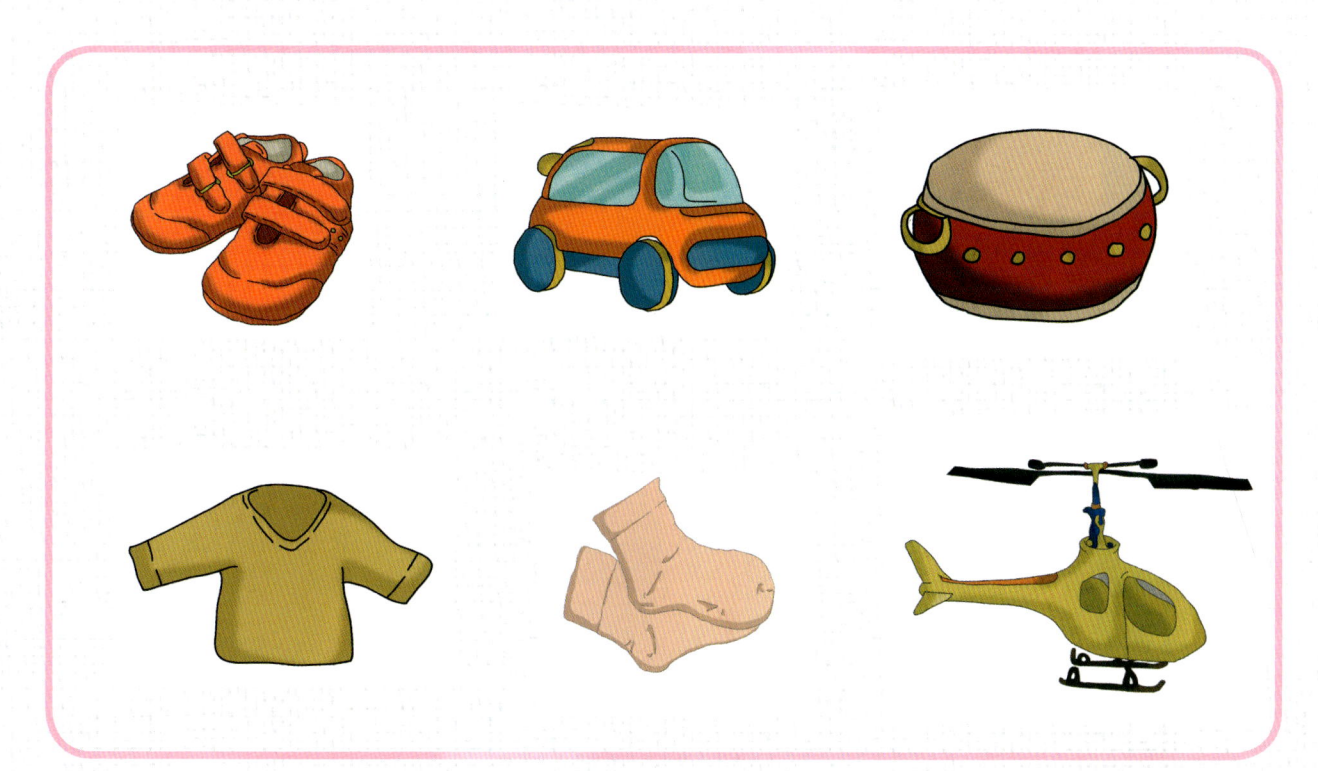

{亲子智力游戏200个}

认识水果

0~1岁 39

目　　的：让宝宝了解与他生活紧密相关的知识。
适合年龄：10个月
练习次数：1天1次，每次10分钟。

游戏步骤

1. 妈妈指着书上的水果给宝宝看。
2. 先让宝宝看左边切开的水果，再看右边整个的水果。
3. 让宝宝指一指左边切开的水果是右图中哪个水果。

◎ 早教老师的游戏点评：

宝宝成长到10个月以后，基本就会叫爸爸和妈妈了，这时他的认知能力及肢体动作迅速发展，会指认身体部位及图片，并且开始练习行走。这个阶段是妈妈爸爸让宝宝多多认识周围事物的最佳时机。

第一章 {0～1岁}

认识 颜色

目　　的　让宝宝接受颜色是一个共性概念，不单指某一种东西。
适合年龄　12个月
练习次数　1周2次，每次5分钟。

0～1岁
40

游戏步骤

1. 妈妈指着书上的颜色给宝宝看。
2. 让宝宝对颜色有最直观的概念。

◎ 早教老师的游戏点评：

通过描述事物的颜色、形状、大小等来提升宝宝的认知能力。比如可以说："苹果，红色的苹果。"通过这些语言都可以让宝宝了解事物的性质，提升宝宝对事物的认知，增加词汇量以及提升语言表达能力。

黄色

绿色

红色

黑色

白色

橙色

智能培养　语言开发　数学能力　阅读培养　习惯培养　常识认知　观察能力　艺术训练　逻辑推理　空间知觉

53

{亲子智力游戏200个}

智能培养　语言开发　数学能力　阅读培养　习惯培养　常识认知　观察能力　艺术训练　逻辑推理　空间知觉

0~1岁

41

有趣的昆虫

目　　的	让宝宝了解自然界还有昆虫一类的生物。
适合年龄	12个月
练习次数	1周1次，每次5分钟。

游戏步骤

1. 妈妈指着宝宝的头，这是宝宝的头，这是妈妈的头，然后再指着蝴蝶的头说，这是蝴蝶的头。

2. 妈妈再给宝宝多看几张其他昆虫的图片，让宝宝对昆虫和身体部位有一定的认识。

◎早教老师的游戏点评：

这时宝宝能够根据昆虫和人物之间的联系配对，比如茶壶和茶壶盖子是放在一起的。这些都是宝宝认知能力发展的表现，说明宝宝开始为周围世界中的不同物品分类并根据它们的用途来理解其相互关系。爸爸妈妈可以根据宝宝认知能力的发展特点，进行合理的培养训练。

第一章 {0~1岁}

找玩具

0~1岁
42

目　　的	让宝宝有意识地观察环境，积累经验和知识，提高手眼协调能力。
适合年龄	10个月
练习次数	1天1次，每次3分钟。

游戏步骤

1. 妈妈当着宝宝的面，将宝宝的布玩具藏起来，然后让宝宝去找。
2. 妈妈问宝宝，玩具去哪里了？宝宝能不能找到？
3. 让宝宝找来找去的，想办法把玩具找出来。

◎早教老师的游戏点评：

宝宝的观察和模仿能力从呱呱坠地那刻就开始了，在出生后最初的4个小时里，宝宝就已经会模仿大人伸舌、张嘴了，或者是在嘴里动动舌头。所以，多给你的宝宝创造一些模仿机会，提高宝宝的模仿能力，发掘宝宝的潜在智能。

智能培养　语言开发　数学能力　阅读培养　习惯培养　常识认知　观察能力　艺术训练　逻辑推理　空间知觉

{亲子智力游戏200个}

43 找找**足球**运动员在哪儿

0~1岁

目　　的	让宝宝认清大小。
适合年龄	12个月
练习次数	1天1次，每次5分钟。

游戏步骤

1. 让宝宝仔细观察3个足球运动员。
2. 画框里的运动员和这三个运动员中间的哪一个是一样的呢？

◎早教老师的游戏点评：

宝宝的年龄还比较小，观察能力也比较弱，家长应注意创造条件，培养宝宝观察的兴趣，教会他观察的方法。

智能培养　语言开发　数学能力　阅读培养　习惯培养　常识认知　观察能力　艺术训练　逻辑推理　空间知觉

56

第一章 {0～1岁}

粗心的小朋友

目　　的	让宝宝认清大小。
适合年龄	12个月
练习次数	1天1次，每次5分钟。

0～1岁
44

答案：耳朵

游戏步骤

1.这是小朋友画的一只大象，请宝宝看看，这只大象有什么问题，他是不是忘记画什么了？

2.给宝宝一点时间，让他好好看看这只大象和他平时在书上和电视上看到的大象有什么不同。然后妈妈再指着右边的小图给宝宝看，提醒宝宝，大象少了一个大耳朵。

◎早教老师的游戏点评：

指导宝宝看图，提示他仔细观察，找到小朋友疏忽漏画的地方，妈妈要讲清楚大象长什么样子，长鼻子大耳朵是大象的特点，如果宝宝不会，这也很正常，妈妈可以告诉他大象的耳朵忘记画了。

智能培养　语言开发　数学能力　阅读培养　习惯培养　常识认知　观察能力　艺术训练　逻辑推理　空间知觉

{亲子智力游戏200个}

小动物找家

0~1岁
45

目　　的	培养细致观察的能力。
适合年龄	12个月
练习次数	1天1次，每次5分钟。

游戏步骤

1. 准备几幅照片，有天空、海洋、草地、小鸟、小兔子和小鱼。

2. 妈妈故意把各种动物和应该生活的环境放错地方，例如：把小鸟放进海洋里，把小兔子放到天空，把小鱼放在草地上。

3. 要求孩子仔细观察图片，找出哪些动物有错误并纠正过来。

◎ **早教老师的游戏点评：**

0~1岁的宝宝主要是通过眼睛、耳朵等基本感觉器官来接受外界的各种刺激，获得各种体验，为脑部的发育打好基础。妈妈提供各种颜色、图案的图片对宝宝进行感官刺激，可以促进他们大脑的发育，让潜能转化为现实能力。

分清 大、中、小

目 的	让宝宝认清大小。
适合年龄	12个月
练习次数	1天1次，每次5分钟。

第一章 {0～1岁}

0～1岁
46

游戏步骤

拿出爸爸、妈妈还有宝宝的拖鞋，放在一起，告诉宝宝，爸爸的拖鞋最大，妈妈的第二，宝宝的最小。宝宝用眼睛看就能区别。

◎ 早教老师的游戏点评：

日常用的东西例如衣服、裤子、袜子等宝宝都能区分。宝宝也会分开套碗的大、中、小，先把最小的放在中间的碗内，再把中等大小的碗套入大碗里，这样就能分清楚了。

爸爸的拖鞋　　　妈妈的拖鞋　　　宝宝的拖鞋

大　　　中　　　小

智能培养
语言开发
数学能力
阅读培养
习惯培养
常识认知
观察能力
艺术训练
逻辑推理
空间知觉

{亲子智力游戏200个}

随音乐摇摆

0~1岁 47

目 的	提高宝宝对音乐的感受能力,锻炼宝宝的四肢活动能力。
适合年龄	4个月
练习次数	1天2次,每次2分钟。

游戏步骤

1. 在宝宝清醒的时候,播放一首简单的乐曲,吸引宝宝的注意。
2. 妈妈轻轻随着节奏,哼唱旋律,引导宝宝注意节奏。
3. 妈妈将宝宝的双手在面前举起,随着节奏摆动宝宝的小手。然后再举起宝宝的小脚,随着节奏摆动。
4. 逐渐培养宝宝听见乐曲,就主动手舞足蹈起来的习惯。

◎早教老师的游戏点评:

人在听音乐的时候,大脑健康区域会更加活跃,同时,大脑会降低皮质醇的产生。经常让宝宝听各种风格与特色的音乐,有利于宝宝的身心健康。当然对于宝宝来说,听音乐的选择性很高,不能像大人一样随便什么音乐都拿来听。其中古典音乐是宝宝最好的选择。

第一章 {0～1岁}

宝宝相册

0～1岁
48

目　　的　　满足孩子对人的面孔的喜爱，使宝宝顺利渡过认生期。
适合年龄　　7个月
练习次数　　1天2次，每次2分钟。

游戏步骤

妈妈指着下面的图给宝宝看。也可以经常拿出相册让宝宝看看不同人的相貌。当孩子进入"陌生人焦虑症"阶段时，这是个很有效果的玩具，而且当妈妈不在身边时，对孩子来说图片、照片或者相册也是个临时的替代物。

◎ 早教老师的游戏点评：

这个月的宝宝处于"看"图的时期，能对图案的刺激产生短暂的记忆。因此，可在宝宝活动区域里贴上文字和图画。在宝宝玩耍时指着字让宝宝观察，并念出声来，但并不是为了让宝宝明白含义，而是为了让他多仔细观察，对图案产生兴趣。

智能培养　语言开发　数学能力　阅读培养　习惯培养　常识认知　观察能力　艺术训练　逻辑推理　空间知觉

{亲子智力游戏200个}

健步如飞

0~1岁 49

目 的	让宝宝感受节奏，随着儿歌有节奏的运动。
适合年龄	6个月
练习次数	1天2次，每次3分钟。

游戏步骤

1. 妈妈坐在椅子上，将宝宝放在大腿上，让宝宝的脸朝向前面。腿和着拍子弹动，当唱到"树桩"和"台阶"时，加重音调以增强宝宝对这个词的注意力，唱到"跳"字时，腿向上弹起，并拉住宝宝的双臂上下摇摆。

2. 可以反复重复几次，宝宝会很喜欢玩这个游戏。

◎早教老师的游戏点评：

儿歌大都节奏明快，富有音乐美，便于哼唱，悦耳动听，宝宝爱听也爱模仿。而且儿歌一般都押韵，尤其是每句话的最后一个字，这样便于宝宝模仿说出这个押韵的字。宝宝从六七个月开始，只要听到音乐或有节律的声音，他就会手舞足蹈，和着节奏左右扭动，这是人体的一种本能，儿歌正符合了这个阶段宝宝的心理特点。

小兔子，跑得快，
一蹦一跳去上学，
看到树桩，跳，跳，
看到台阶，跳，跳！

侧边栏：智能培养 语言开发 数学能力 阅读培养 习惯培养 常识认知 观察能力 艺术训练 逻辑推理 空间知觉

第一章 {0～1岁}

炊具的音乐

目　　的	让宝宝学会认识声音，并对宝宝进行节奏的训练。
适合年龄	11个月
练习次数	2天1次，每次1分钟。

0～1岁
50

游戏步骤

1. 准备不同大小、不同质地的锅、碗、瓢、盆各几个。
2. 把锅、碗等厨房容器反扣在地上或桌子上，然后让宝宝用调羹或筷子尽情地敲打，让它们发出不同的声音。

哒哒

哐哐

乓乓乓乓

嘭嘭

◎ 早教老师的游戏点评：

妈妈要经常给宝宝听一些各种物品的声音，日常对宝宝说话和唱歌时的声音也要悦耳。宝宝此时的听力也有了很大发展，他能够在家人与他说话后做出相应的反应，对于突然的声响能表现出惊恐。

智能培养　语言开发　数学能力　阅读培养　习惯培养　常识认知　观察能力　艺术训练　逻辑推理　空间知觉

63

{亲子智力游戏200个}

小艺术家

0~1岁 51

目　　的	乱涂乱画也是一种对宝宝身心发展非常有意义的活动。
适合年龄	12个月
练习次数	1天1次，每次5分钟。

游戏步骤

1. 妈妈与宝宝一起画画，告诉宝宝，妈妈画了些什么："这是汽车，这是小鸟"，在画上加文字说明，并让家里的其他人看。

2. 家人会读出妈妈写在画上的文字。反复的尝试，可使宝宝将图画、文字和意义联系起来。

◎早教老师的游戏点评：

涂鸦和语言一样，传递着宝宝的情绪与感觉。初期接触涂鸦，宝宝站在原创的高度，不受任何限制地根据他的直觉挥洒他的创意，从中获得创作的乐趣与成就感，这就是保护宝宝的想象力，就是鼓励宝宝大胆地想象。

手指乐器

目的	本游戏可以培养宝宝的节奏感。
适合年龄	8个月
练习次数	1周1次，每次5分钟。

游戏步骤

1. 准备一个小型的容器，比如带严实的盖子的小塑料瓶或小饭盒；豆子或大米，结实耐用的胶带。

2. 很多塑料制品都很适合宝宝用小手抓握，空的小饮料罐也是不错的选择。在每个小容器中放入不同的物品，以发出不同的声音。

3. 接着，用节奏轻快的音乐做背景音乐，让宝宝坐好，旁边放上那一套新型节奏乐器。然后开始"当啷当啷""沙沙沙""咚咚咚"地摇晃吧。

◎ 早教老师的游戏点评：

如果想把宝宝培养成一个小"打击乐手"，拨浪鼓就是最好的选择。不过，宝宝通常没多久就会对拨浪鼓感到厌烦。因此妈妈可以自己给宝宝制作一个"响葫芦"，摇晃这个"响葫芦"，发出独特而新奇的声音。

{亲子智力游戏200个}

谁能飞上天

0~1岁 53

目的	对事物的特性或联系做出肯定或否定的思维模式。
适合年龄	12个月
练习次数	1天1次，每次5分钟。

游戏步骤

1. 妈妈拿出一辆小汽车和一架小飞机玩具。
2. 妈妈先让小汽车在地上跑，让小飞机在空中飞，然后问宝宝，哪个玩具能在天上飞啊？
3. 宝宝还不会说话，但是宝宝可以用动作来回答妈妈。

◎ 早教老师的游戏点评：

逻辑推理能力在宝宝将来的学习和生活中所起的作用不言而喻，宝宝学习需要用思维来推导，宝宝解决各种问题更需要思考推理，宝宝生活中处处需要动用大脑进行思考推理才能做出正确的判断。

地上跑的

天上飞的

智能培养　语言开发　数学能力　阅读培养　习惯培养　常识认知　观察能力　艺术训练　逻辑推理　空间知觉

动物运动会

目　　的 提高宝宝的分类能力，初步培养逻辑思维。
适合年龄 10个月
练习次数 3天1次，每次5分钟。

0~1岁
54

游戏步骤

1. 妈妈准备各种动物玩具，模拟一个动物运动会的场景。

2. 妈妈先给宝宝讲动物的故事，如："一天，森林要开运动会，动物们都来到运动场准备参加比赛。有小白兔、乌龟、鸭子、天鹅等。运动会有赛跑、游泳、飞行三个项目，动物们要根据自己的特长来报名。"

3. 妈妈可以在旁边帮助宝宝进行分类，用一连串的问题引导宝宝来观察和总结不同种类动物之间的差别，比如提示宝宝："小鸟有一双翅膀，它最喜欢在天空飞翔，所以，小鸟应该报名参加飞行比赛"等。

◎ **早教老师的游戏点评：**

现在宝宝这方面的能力还比较弱，开发的空间很大。父母不要觉得这种复杂的思维能力需要什么专业的方法才能得到有效训练，恰恰相反，宝宝的这种简单逻辑推理能力就来自生活细节。父母所要做的就是做有心人，处处留心寻找机会，启发宝宝，让宝宝通过熟悉的事物感知抽象复杂的逻辑关系。

游泳比赛

游泳比赛

赛跑比赛

赛跑比赛

{亲子智力游戏200个}

镜子哈哈笑

0~1岁 55

目 的	宝宝常常照镜子表情会变得越来越丰富，从而为将来认识五官打基础。
适合年龄	6个月
练习次数	1天1次，每次5分钟。

游戏步骤

1.将宝宝抱到镜子前，让他对着镜子里面的人笑，并用手去摸摸镜子里面的自己；看到镜子里面的人装模作样，他就会把手伸到镜子的后面，寻找躲在镜子里面的人。

2.在镜子前面宝宝往往会变得活跃，会对着镜子里的人蹦跳。从镜中会看到妈妈进来，或者爸爸进来，宝宝有时会将头伸向镜子，头碰到镜子之后就会哈哈大笑，或者大声叫喊。

◎早教老师的游戏点评：

经常让宝宝在镜子前面活动，让宝宝利用镜子探索新鲜的事物，做出各种各样的表情。

认识不同的几何体

目的 通过视觉、触觉感知立体图形，感受不同的几何体，提高宝宝的观察能力及辨别能力。

适合年龄 6个月

练习次数 1天1次，每次5分钟。

游戏步骤

1. 准备一些球体、圆柱体、锥体等各种各样的几何体，比如积木、生活用品中的类似物体等。

2. 先让宝宝认识每个几何体，如拿着球体告诉宝宝："宝宝看，这个圆圆的，它是球体。"

3. 等宝宝对几何体都了解以后，选用两个差别大的几何体，比如球体和三角锥；先引导宝宝认真地看，然后分别摸一摸，仔细观察两个几何体。

◎ 早教老师的游戏点评：

用手触摸不同形状的物体，感知不同形状的特性。如，把圆柱体、三角体等不同形状用两手搓动，让孩子感知并用语言表达，圆的是滑滑的，三角体的三个角搓不动。

{亲子智力游戏200个}

0~1岁 57 下雨游戏

目　　的 通过这个游戏，加强了宝宝对因果关系的认识，知道"雨滴"是如何产生的。
适合年龄 6个月
练习次数 1天1次，每次5分钟。

游戏步骤

1.这个游戏开始前，妈妈需要准备一个空的带盖的小塑料食品容器，例如饮料瓶。

2.妈妈在容器盖上用剪刀戳一些小孔。在宝宝洗澡的时候，妈妈将容器盛满水，将盖子拧紧，然后教宝宝如何将装水的瓶子翻转过来洒水。宝宝可使用这个玩具给橡胶小鸭子或娃娃等玩具洗澡，也可以给自己洗澡，还可以玩"下雨"游戏，"雨滴"落在水面的时候，妈妈可以指给宝宝看产生的圈圈涟漪。

◎早教老师的游戏点评：

妈妈所要做的，就是帮助孩子架构起这座逻辑思维的桥梁，帮助他去理解，引导他去获知。所谓教育时机，其实就是一种可以获得较大教育效果的机遇。有意识地学会在日常生活、工作中发现、捕捉、选择、利用较好的教育时机，对孩子及时地实施教育，可以取得事半功倍的效果。在日常的家庭生活中，有很多可以把握的教育机会。

拿和放

目　　的	学会抓和握的基本动作。
适合年龄	6个月
练习次数	1天1次，每次5分钟。

0~1岁 58

游戏步骤

1. 把积木放在筐里或脸盆里，妈妈和宝宝都坐在脸盆旁边，妈妈从盆里把积木拿出来，说："把积木拿出来。"宝宝也跟着妈妈一起把积木一块一块拿出来。等积木都拿出来之后，妈妈再把积木捡起来，放在盆的上方，慢慢松开手，说："把积木放进去。""当啷"一声，积木掉进盆里，宝宝也跟着妈妈把积木放进盆里。

2. 宝宝从把积木胡乱扔进盆里慢慢学会轻轻地松手，仔细听积木掉进盆里的声音。

◎ 早教老师的游戏点评：

思维其实是一项艰苦的脑力劳动，需要妈妈对孩子进行耐心的、强有力的训练，特别是在起始阶段，要进行反反复复不间断的强化训练。因为大脑细胞只有在不断的反复刺激下才会产生一系列的变化，形成一定的信息通道和网络。

{亲子智力游戏200个}

0~1岁 59 大树和小树

目　　的	发展宝宝的观察、比较和判断的能力，学习辨别高矮。
适合年龄	6个月
练习次数	1天1次，每次5分钟。

游戏步骤

1. 准备大树和小树的图片（按大树、小树的轮廓剪好）。

2. 给宝宝看图片，告诉宝宝："这是树妈妈和树宝宝，宝宝看，树妈妈高，树宝宝矮。"

3. 引导宝宝比较，问宝宝哪个高、哪个矮，让宝宝指出来。也可以准备两个高矮不同的瓶子，摆在宝宝面前，让宝宝指出哪个高、哪个矮，加深宝宝对高矮相对性的理解。

◎早教老师的游戏点评：

空间智能，指孩子辨别物体的线条、形状、结构、空间位置、方位感等要素特征的敏感力，在进行辨认、分类后，能精确地用语言表达和描述视觉感受、用图画表现出来的综合能力。2~3个月的婴儿已经具备了深度知觉能力。绝大部分的婴儿对于高度是有感知能力的，但是需要在生活中不断地得到刺激才能使负责视觉空间智能神经元的链接更牢固。

第一章 {0~1岁}

小手摁暗扣

0~1岁 60

- **目　的** 通过宝宝自己的动手操作和视觉观察，来认识物体的差异和体会物品大小。
- **适合年龄** 8个月
- **练习次数** 1天1次，每次5分钟。

游戏步骤

1. 需要准备一件有暗扣的衣服。
2. 妈妈先将衣服上的暗扣摁好，然后在宝宝认真看的时候把暗扣拽开再摁好。
3. 如此示范，让宝宝试着自己摁一下，妈妈协助宝宝将宝宝拉不开的暗扣拉开，再摁上。

◎早教老师的游戏点评：

对细微、细小的事物产生浓厚的兴趣，对空间感的探索期，具体表现在抠、捏细小事物，如：衣服上的扣子、珠子、公仔娃娃的眼睛、鼻子……把手伸进妈妈的鼻孔、嘴巴等。

智能培养　语言开发　数学能力　阅读培养　习惯培养　常识认知　观察能力　艺术训练　逻辑推理　空间知觉

{亲子智力游戏200个}

寻找玩具

0~1岁 61

目　　的	让宝宝理解物体永远存在的道理。
适合年龄	10个月
练习次数	1天1次，每次5分钟。

游戏步骤

1. 在沙滩上、公园里或花园的沙坑里，先让宝宝看看色彩鲜艳的玩具。比如一个塑料恐龙、橡胶球，任何颜色鲜艳的东西都可以。

2. 让宝宝看着你把玩具埋在一小堆沙子下面。接着，你一脸迷惑的表情问他："恐龙藏到哪儿去了？"然后让宝宝把手放到那堆沙子上，帮着宝宝把沙子推开，一直到埋着的玩具露出来，再用一脸惊喜的表情和宝宝相互看看。一旦宝宝学会了这样搜寻自己的东西，就会开始自己挖掘沙子不用别人帮忙。

◎ 早教老师的游戏点评：

当宝宝找到了之前藏起来的东西时，宝宝会格外惊喜，并在不断的寻宝游戏中锻炼、发展自己的精细动作技能。宝宝喜欢从不同的容器中取放物品，当孩子在容器里取物品时，就是在感知物体深浅、高矮和大小不同的空间。

智能培养　语言开发　数学能力　阅读培养　习惯培养　常识认知　观察能力　艺术训练　逻辑推理　空间知觉

挤位置

目　　的	运动能力的培养和锻炼。
适合年龄	10个月
练习次数	1天1次，每次5分钟。

游戏步骤

1. 妈妈和爸爸背靠背或肩并肩地坐在地上，让宝宝试着用手把两人分开。如果宝宝还不会走路，但已经学会爬时，他可以用手和膝盖来做，如果宝宝已经会走，就可以站着用手做这个游戏。

2. 为了教会宝宝如何玩游戏，可以让宝宝和爸爸先坐在一起，妈妈尝试着挤到两人的中间，然后宝宝和妈妈坐在一起，爸爸来做。

3. 等轮到宝宝时，宝宝会非常兴奋地又拉又推，试图把两个人分开。爸爸和妈妈要配合宝宝，稍稍挪动一下，让宝宝也能成功地把两个人分开一些，鼓励宝宝把自己塞进去。

◎早教老师的游戏点评：

这个游戏能锻炼宝宝上半身的力量，并增进家人之间的亲密关系。我们常说的"把握关键期"，就是让孩子的敏感行为得到正确的解读和引导，并能充分利用孩子的发育过程中的敏感行为，让孩子潜在的能力通过重复地操作得以实现，最终成为技能，为其健康成长打下坚实的基础。

第二章

语言发展关键期…

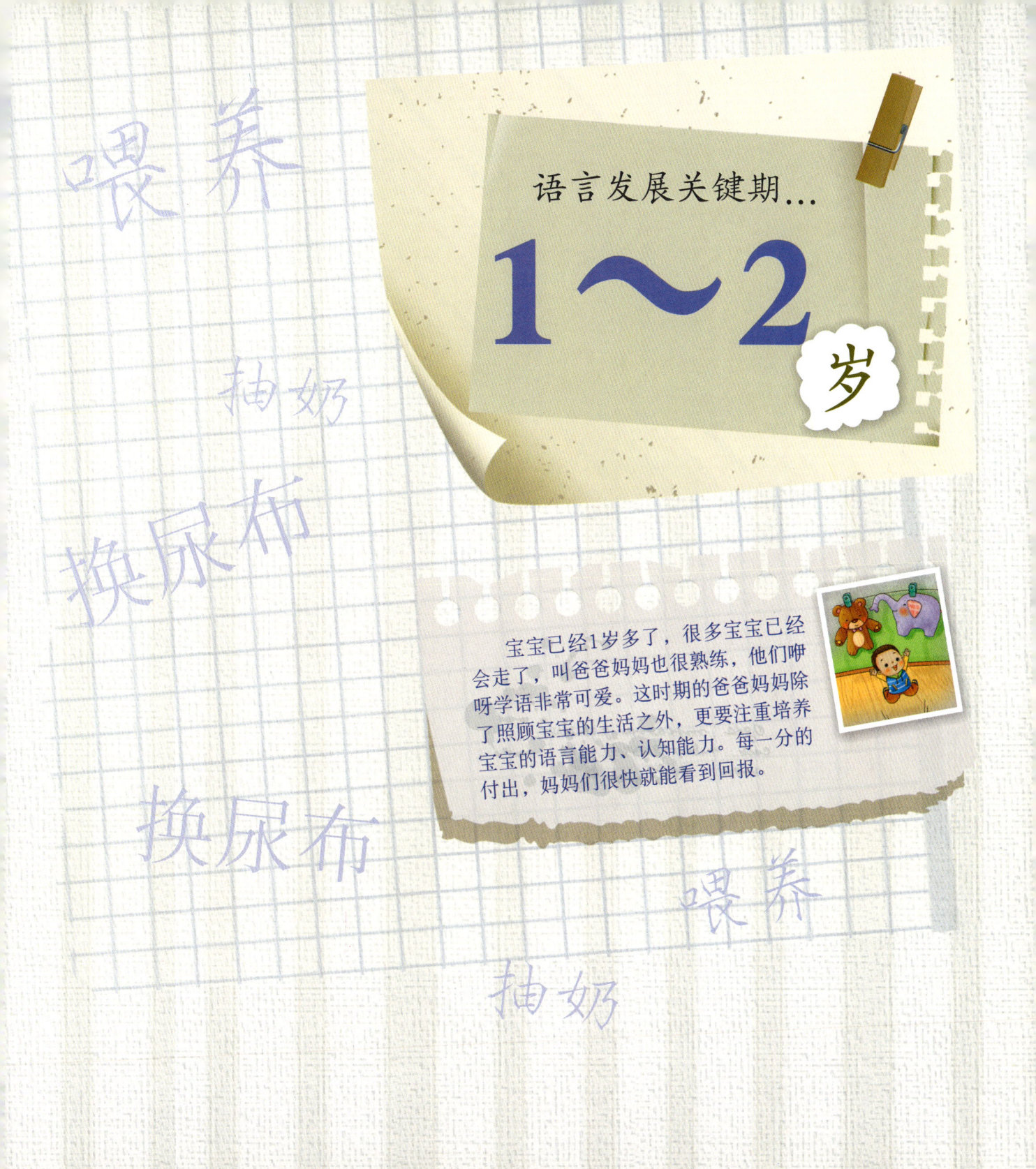

1～2 岁

宝宝已经1岁多了，很多宝宝已经会走了，叫爸爸妈妈也很熟练，他们咿呀学语非常可爱。这时期的爸爸妈妈除了照顾宝宝的生活之外，更要注重培养宝宝的语言能力、认知能力。每一分的付出，妈妈们很快就能看到回报。

{亲子智力游戏200个}

1~2岁 1　拉**棍子**练走

目　　的	练习走路，增强宝宝的平衡能力。
适合年龄	1岁
练习次数	1天2次，每次5分钟。

游戏步骤

1. 准备一根表面光滑的短木棍，带着宝宝到宽敞处，妈妈两只手分别抓住木棍的两端，让宝宝双手抓住棍子的中间。妈妈慢慢地一步步后退，牵引着宝宝向前走动。

2. 妈妈可直线走，也可绕着圈子走，不断变换着路线，锻炼宝宝的行走能力。还可以爸爸妈妈每人单手拉着棍子的一头，一前一后行走。

◎ **早教老师的游戏点评：**

等宝宝能够很容易地拉着妈妈的棍子向前行走时，还可以训练宝宝退着走的能力。妈妈向前慢速移动，让宝宝向后慢慢退步，但要小心别推倒宝宝。刚开始爸爸最好在宝宝后面保护着他，直至宝宝学会退着迈步。妈妈要边走边鼓励宝宝："宝宝走得好，宝宝加油走！"随着宝宝走路的快慢，妈妈可适当加快速度。

第二章 {1~2岁}

捡起来接着走

目　　的　练习用手拿着东西独立行走，或拖拉着玩具独立行走。
适合年龄　1岁1~3个月
练习次数　1天2次，每次5分钟。

1~2岁
2

游戏步骤

1. 准备几件不易摔碎的东西，如手帕、纸片、布玩具等。妈妈故意将手帕掉到地板上，指着地上的手帕跟宝宝说："呀，怎么掉了呀，宝宝帮妈妈捡起来好吗？"

2. 宝宝很乐意为妈妈效劳，会挪动着脚步过去捡，等宝宝弯腰捡起手帕后，妈妈就鼓励他把手帕拿过来："宝宝，给妈妈拿过来啊！宝宝真乖。"

3. 宝宝会接着往妈妈那儿走。当宝宝顺利将手帕交到妈妈手里时，一定要鼓励宝宝。

◎早教老师的游戏点评：

还可以训练宝宝弯腰用两只手捡起东西。如将一个大熊放到地上，让宝宝去捡起来，宝宝会双手抓起熊，抱着走向妈妈。

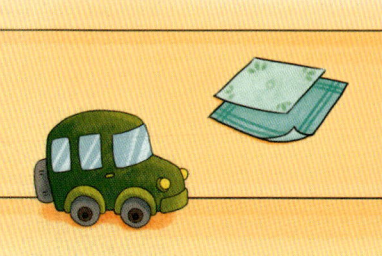

智能培养　语言开发　数学能力　阅读培养　习惯培养　常识认知　观察能力　艺术训练　逻辑推理　空间知觉

79

{亲子智力游戏200个}

攀越小山峰

1~2岁 3

目　　的	练习上楼梯。
适合年龄	1岁3~5个月。
练习次数	1天1次，每次10分钟。

智能培养　语言开发　数学能力　阅读培养　习惯培养　常识认知　观察能力　艺术训练　逻辑推理　空间知觉

游戏步骤

妈妈搂着宝宝顺着柔软的垫子平躺下来，让宝宝从一侧爬越妈妈的身体到另一侧，然后妈妈再侧躺着，增加"山"的高度和爬的难度，再让宝宝爬过去。妈妈要在一边保护宝宝，并为宝宝加油。

◎早教老师的游戏点评：

锻炼宝宝的爬行能力，可以促进宝宝的四肢协调能力以及身体的平衡能力，促进宝宝小脑的发育。

独自上楼梯

目　　的	练习上楼梯。
适合年龄	1岁6个月。
练习次数	1天1次，每次10分钟。

1～2岁 4

游戏步骤

1. 每次带着宝宝出去时要让宝宝自己学着下楼梯。开始可让他双手或单手扶着栏杆，先站稳一只脚，再迈出另一只脚，双脚站稳后，再开始上另一级台阶。大人要在旁边保护着。

2. 爸爸妈妈也可以先下两三个台阶，转身拉住宝宝的双手，让宝宝借助妈妈的臂力慢慢下到台阶上。等宝宝感知到每个台阶的大体高度，能很好地保持身体平衡后就可以让他独自下楼梯了。

◎早教老师的游戏点评：

这时大多数宝宝已经能独自爬楼梯了，但可能还不敢自己下楼梯。因为下楼梯时需要更高的身体平衡能力和重力转移方法。

{亲子智力游戏200个}

光着脚丫踩一踩

1~2岁 5

目的 可有效提高宝宝的触觉能力。
适合年龄 1岁6个月。
练习次数 1周1次，每次5分钟。

游戏步骤

1. 将床上和地板上的危险物品清理干净，鼓励宝宝赤着脚在床上、地板上走动。如果是夏天，可让宝宝到沙滩上光脚玩，教宝宝用脚踩沙子，踢沙子。

2. 还可在浴缸里面放一些大米之类的东西，鼓励宝宝踩踏，但要保证没有尖利的石子或木屑片之类的东西混入，以免宝宝脚底受伤。

◎早教老师的游戏点评：

可以让宝宝光脚追赶滚动的球或圆环等。平时，当宝宝光着脚时，不要斥责他，给他提供一个安全的环境，让他自由玩耍。这个游戏对宝宝的健康和智力发展大有益处。

第二章 {1～2岁}

伸直和蹲下

目　　的	可有效提高宝宝的触觉能力。
适合年龄	1岁8个月。
练习次数	1周1次，每次5分钟。

1～2岁
6

游戏步骤

1. 爸爸和宝宝一起站在地板上，给宝宝穿上比较宽松的衣服。爸爸喊"变高"时，踮起脚尖，伸直身体，举起双手，并让宝宝模仿着做出相应的动作，让宝宝体会变高的感觉。

2. 爸爸再喊"变矮"，并和宝宝一起蹲下双脚，弯腰低头，双手抱住膝盖，身体变成一个球状。

◎ **早教老师的游戏点评：**

刚开始宝宝动作不连贯，爸爸要慢慢纠正宝宝，反复训练，不易急于求成。多表演几次等宝宝熟悉了动作环节后，可适当加快速度，由宝宝单独表演，或让宝宝喊口令，爸爸跟着宝宝做。这个游戏可练习伸展和屈曲，使关节和韧带得到锻炼，全身肌肉活动协调。这种身体活动的游戏最好穿插在一些静态的游戏中间，使宝宝动静结合，有利于健康。

智能培养　语言开发　数学能力　阅读培养　习惯培养　常识认知　观察能力　艺术训练　逻辑推理　空间知觉

83

{亲子智力游戏200个}

跳起来够物

1~2岁 7

目 的	可有效提高宝宝的触觉能力。
适合年龄	1岁8个月。
练习次数	1周1次，每次5分钟。

游戏步骤

1. 准备一些细长线和几样质地柔软的玩具，如毛绒动物、布娃娃、彩球等。用细线将这些玩具挂在屋子里，距离以宝宝跳起来可以够到为标准。

2. 周围要宽敞，清除障碍物和危险物品。父母鼓励宝宝够玩具，如"宝宝的布娃娃怎么挂在那里了呀，宝宝能拿到吗""宝宝很厉害，跳起来就够到娃娃了"等。

◎ 早教老师的游戏点评：

父母还可以给宝宝演示一下跳起来伸手够物的动作，让宝宝模仿。宝宝会学着跳起来够玩具，偶尔手碰到玩具时，父母要给予鼓励，让他继续。

第二章 {1～2岁}

跑与停

1～2岁
8

目　的 在跑步熟练的基础上练习能跑能停的平衡能力。
适合年龄 1岁10个月。
练习次数 1天1次，每次5分钟。

游戏步骤

对宝宝喊"开始跑！一、二、三停！"。大人要站在小孩的前方，使宝宝易于扶停而不易摔倒。

◎早教老师的游戏点评：

当宝宝的头抬的时间越来越长，而且能稳稳地抬起时，他就开始想把整个身体都站立起来了。这样的平衡行动构成了宝宝进行其他平衡训练的基础。在宝宝一两岁、两三岁的时候，在你训练他学会了翻身、坐起来、爬动，然后是学会行走、跳跃和跑动的时候，他的平衡感就已在其中被训练得越来越好了。

智能培养　语言开发　数学能力　阅读培养　习惯培养　常识认知　观察能力　艺术训练　逻辑推理　空间知觉

85

{亲子智力游戏200个}

说词组

1~2岁 9

目　　的	让宝宝从说一个单字向说词组发展。
适合年龄	1岁6个月。
练习次数	1天1次，每次5分钟。

游戏步骤

1. 当宝宝看着自己的玩具小汽车时，可能只会说出一个"车"字，这时父母就告诉他："小汽车，宝宝的小汽车。"

2. 当宝宝指着玩具青蛙做出想拿的动作或表情时，或只蹦出一个"拿"字时，父母可借机教他，"青蛙，宝宝的青蛙，宝宝想拿啊，宝宝要拿青蛙啊，拿青蛙。"

3. 当宝宝哭闹着要妈妈带着出去玩时，妈妈可故意问他："宝宝想干嘛啊？"宝宝可能只会说出一个"出"或"走"，这时妈妈就告诉他："宝宝想出去玩了啊？宝宝出去玩，走，出去玩。"

◎ **早教老师的游戏点评：**

爸爸妈妈也可以拿着一样东西问宝宝这是什么，并告诉宝宝完整的名字，或指着画册或电视节目里面的小动物问："他们在干什么呢？"并仔细地向宝宝做描述等等。

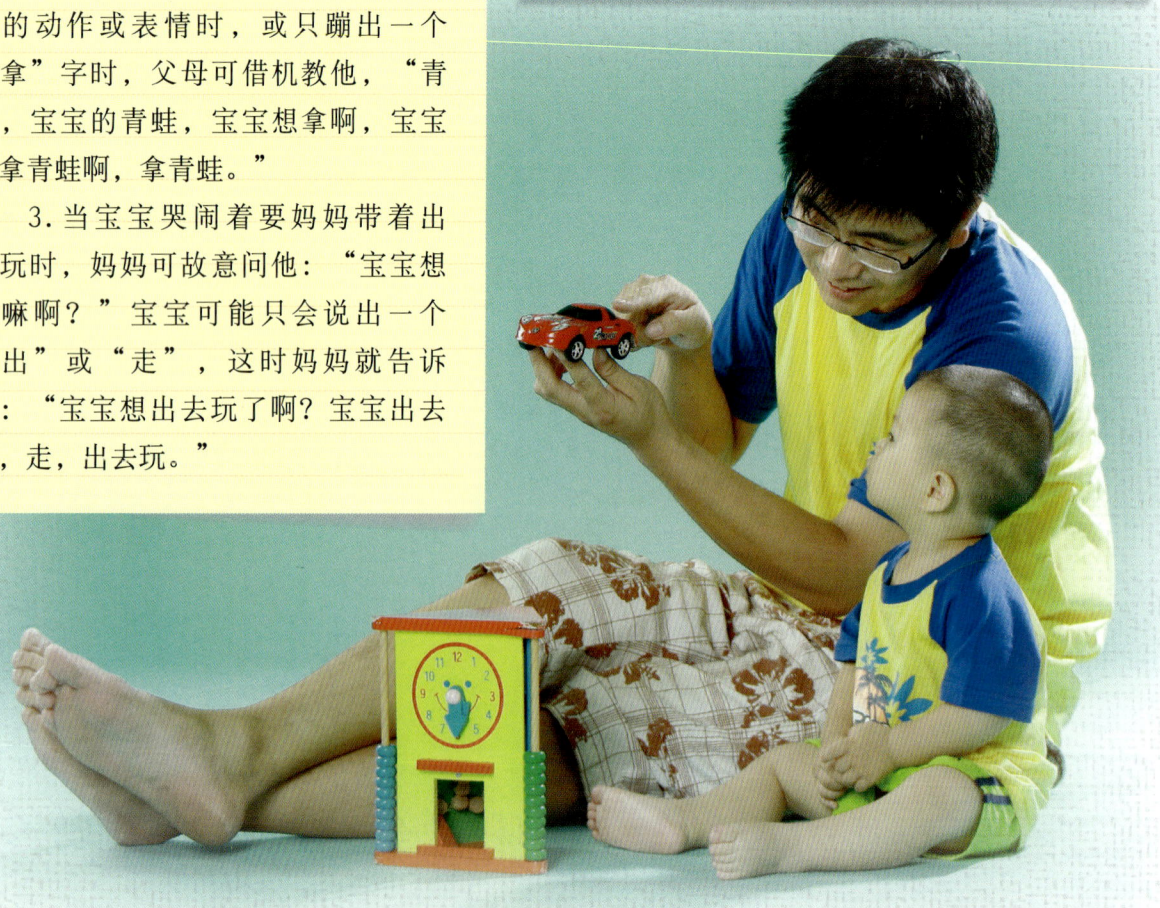

智能培养　语言开发　数学　阅读培养　习惯培养　常识认知　观察能力　艺术训练　逻辑推理　空间知觉

拍手歌

第二章 {1~2岁}

1~2岁 10

目 的	锻炼宝宝的语言能力和动手能力。
适合年龄	1岁6个月。
练习次数	1天1次,每次5分钟。

我说一，一一一，一张纸来一支笔，
我说二，二二二，身上长着多少二，
我说三，三三三，鲜红领巾胸前戴，
我说四，四四四，眼前一张长桌子，
我说五，五五五，五角星，亮晶晶，
我说六，六六六，六一节啊真快乐，
我说七，七七七，一个星期有七天，
我说八，八八八，慰问军属老大妈，
我说九，九九九，九月十日教师节，
我说十，十十十，两只手上有手指。

◎早教老师的游戏点评：

很多这个年龄段的宝宝还不会说话，家长不要着急，日常生活中多和宝宝说说话，读读故事和儿歌，对宝宝的语言发展是很有帮助的。1岁的宝宝，拍到5就可以了，太长了宝宝会厌烦，随着宝宝的长大，可将整首歌都唱完。

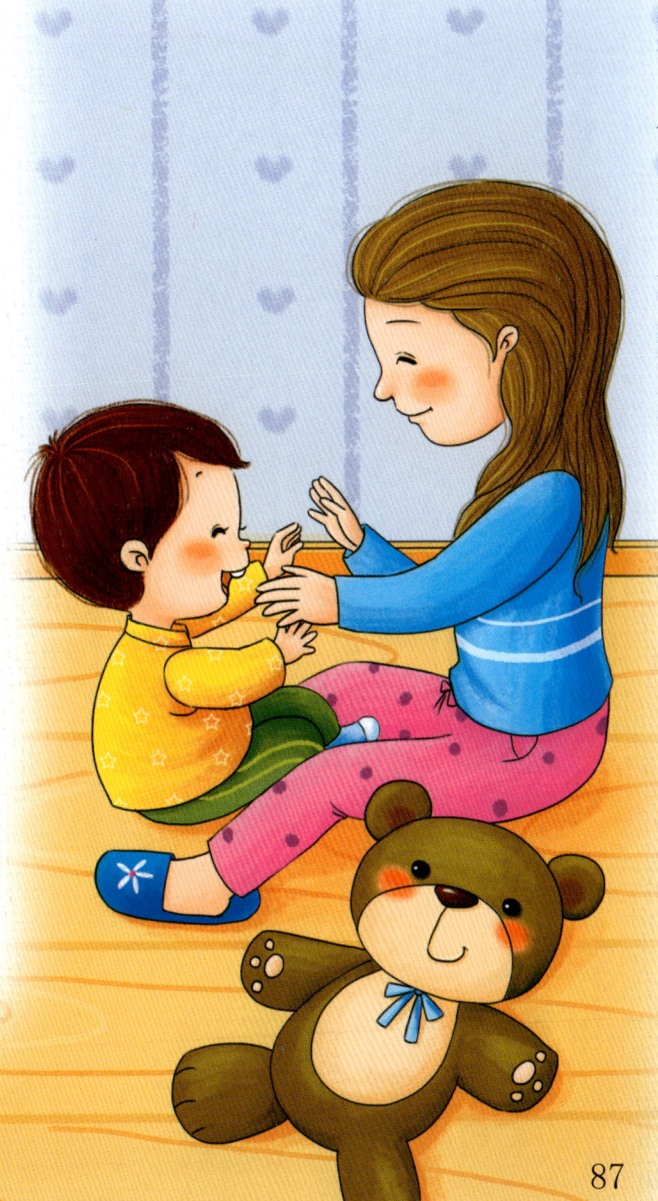

智能培养
语言开发
数学能力
阅读培养
习惯培养
常识认知
观察能力
艺术训练
逻辑推理
空间知觉

{亲子智力游戏200个}

我的名字

1~2岁 11

目　　的　让宝宝知道自己的名字，会说自己的名字。
适合年龄　1岁6个月。
练习次数　1天1次，每次2分钟。

游戏步骤

这个月的宝宝大都知道他自己的名字了，有的宝宝可能不会说自己的名字，但别人叫时会知道是在叫自己。这时父母可教宝宝一些其他有关宝宝自己和家人的信息，如"我1岁半了"，"我是属小老鼠的"或"爸爸是属咩咩的"，"妈妈是属汪汪的"，"我是妈妈的宝宝"等。

◎早教老师的游戏点评：

大人可经常问宝宝："宝宝叫什么名字啊？""宝宝多大了？""宝宝是谁家的孩子啊？"之类的问题，如果宝宝回答对了就要赞许，并隔一段时间再问，巩固宝宝的记忆。

智能培养　语言开发　数学能力　阅读培养　习惯培养　常识认知　观察能力　艺术训练　逻辑推理　空间知觉

第二章 {1～2岁}

这是什么

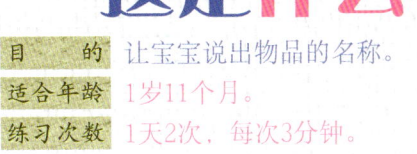

1～2岁
12

目 的	让宝宝说出物品的名称。
适合年龄	1岁11个月。
练习次数	1天2次，每次3分钟。

游戏步骤

1. 从现在起要改成让宝宝自己说出物品的名称。对于1岁多的宝宝，父母同他一起看图书时可由"哪个是兔子"之类的问题变成"这是什么"之类的问题。有时宝宝发音不清，只要说出一个近似的音，大人就用这个音稍作更正，拉长音调，说出完整的名称，让宝宝一遍又一遍地模仿，直到发出正确音为止。

2. 每种物品只要发出一个声音就应给以夸赞"宝宝说得真好"，激励宝宝多开口。宝宝说错了也不要责怪或表现出不高兴或失望的表情，给宝宝纠正即可。

◎ 早教老师的游戏点评：

对于语言发育迟缓不能开口的宝宝，不要批评，更不能在别人面前说宝宝不会说话之类的话。可通过宝宝喜欢的游戏、玩具等方法激发他说话的愿望，多给予他鼓励和赞扬。

智能培养 语言开发 数学能力 阅读 常识认知 能力

{亲子智力游戏200个}

复杂的表情

1~2岁 13

目　　的	练习描述表情，懂得每种表情的意义。
适合年龄	2岁。
练习次数	1天1次，每次3分钟。

游戏步骤

1. 妈妈与宝宝面对面坐着，做出笑脸跟宝宝说："妈妈高兴，宝宝高兴吗？"并挠挠宝宝的腋窝逗宝宝开心地笑起来，说："宝宝高兴了。"

2. 妈妈脸沉下来，说："妈妈生气了，生气！"看看宝宝能否噘起小嘴做出生气的样子；妈妈还可做伤心、思考等表情，并告诉宝宝每种表情的名称。

◎ 早教老师的游戏点评：

熟悉了这几个表情后可以练习其他更为微妙的表情，如沉默、无奈、担心等。让宝宝通过做表情游戏学习形容词，丰富宝宝的词汇，提高宝宝的语言理解能力。

小棋手

目 的	练习数数字和小手的活动能力。
适合年龄	1岁3个月。
练习次数	2天1次，每次10分钟。

1~2岁 14

游戏步骤

1. 准备一盘围棋和两个小碗，妈妈和宝宝各选一种颜色的棋子，两人的棋子分别放在自己的小碗里，告诉宝宝："我们把棋子一个个从碗里拿出来摆在这儿。"同时做示范先在棋盘上摆上几个棋子，然后和宝宝一起摆，妈妈可根据宝宝的速度调整自己的速度，要与宝宝的棋子数量有明显差异。

2. 如果爸爸有时间最好做宝宝的"助手"。刚开始宝宝可能会满手抓着棋子往棋盘上撒，父母就示范他一个个摆，等宝宝摆到三四个棋子时，妈妈喊一声："停下！"然后让宝宝也停下摆棋子。指着宝宝的棋子说："宝宝摆了这么少的棋子啊，1个，2个，3个，宝宝才摆了3个。"然后指着自己的棋子说："看妈妈摆了好多啊，真多！""宝宝要加油摆啊！"然后将棋子放在碗里再开始游戏，这次妈妈要有意放慢速度，摆三四个就好，等宝宝摆到十多个时喊停，然后指着宝宝的棋子说："哇，宝宝摆的棋子好多呀，这么多，宝宝真厉害哦！"

◎ 早教老师的游戏点评：

数学对于宝宝的智力开发起着事半功倍的作用，培养宝宝的数学思考和运算能力是刺激宝宝大脑神经元发展的最佳途径。宝宝的天性是好奇，爸爸妈妈应和宝宝"玩"数学，而非"教"数学，才能更好地为宝宝以后的正规训练打下基础。

〔亲子智力游戏200个〕

找水果

1~2岁 15

目 的	数字和实物数量的对应关系。
适合年龄	1岁3个月。
练习次数	1天1次，每次3分钟。

游戏步骤

图中一共有几种水果？请分别说出它们的名称。

◎ 早教老师的游戏点评：

宝宝1岁起进行感受大小、多少、顺序和1~10的发音的训练是十分有益的。1岁半的宝宝可以学认数字了，最先学会1和8，以后区分4和7或2和5，最后分清6和9，2岁前后可以认识10个数字。

智能培养　语言开发　数学能力　阅读培养　习惯培养　常识认知　观察能力　艺术训练　逻辑推理　空间知觉

答案 { 一串葡萄　一个橙子　一个绿苹果　一个黄苹果

第二章 {1～2岁}

数汽车

目的　数字和实物数量的对应关系。
适合年龄　1岁3个月。
练习次数　1天1次，每次3分钟。

1～2岁
16

游戏步骤

天气好时带宝宝出门，在离家较近、车子不是很多的马路上走走，边走边和宝宝数车子。每过去一辆车就数一个数："一辆车子，两辆车子……"数到大概六七辆时可告诉宝宝："过了六辆车子了"。还可以问宝宝："宝宝，这是第几辆车子啊？是不是第三辆啊？"

◎早教老师的游戏点评：

数奔跑的汽车时，可以站在一个地点，为了让游戏更有趣，还可以只数某种颜色或某种类型的汽车。此外，还可以和宝宝数路边的树或者电线杆。

智能培养　语言开发　数学能力　阅读培养　习惯培养　常识认知　观察能力　艺术训练　逻辑推理　空间知觉

{亲子智力游戏200个}

填数字

1~2岁 17

目的 数字的顺序。
适合年龄 1岁3个月。
练习次数 1天1次，每次3分钟。

游戏步骤

想一想，空缺的地方应该放什么数字？

◎ 早教老师的游戏点评：

和宝宝一起"玩"数学，主要是在日常生活中进行。例如，拿糖的时候，告诉宝宝"糖盒里的糖被宝宝吃了就变少了"；每次吃饭的时候，让宝宝帮忙分发碗筷，告诉宝宝"一个人要两根筷子、一只碗、一把汤匙"；带宝宝做户外活动的时候，和宝宝一起数数楼梯；带宝宝去超市购物的时候，教宝宝认认"价签"上的数字或教宝宝在路边认车牌号；家里的东西"各有几样"都教宝宝认识，比如有2台电视机、4把椅子、1台电冰箱等。

1 2 ★ 4 5

6 7 8 ★ 10

谁的个子高

第二章 {1～2岁}

1～2岁 **18**

目　　的	认识高、低。
适合年龄	1岁3个月。
练习次数	1天1次，每次3分钟。

游戏步骤

1. 找出家里长短不同的三样东西，比如筷子、铅笔、牙签，先让宝宝用手摸一摸。

2. 妈妈按照长、短顺序排列，然后让宝宝找一找哪个最高，哪个最矮，妈妈也可以帮助宝宝判断。

◎ 早教老师的游戏点评：

因为宝宝是从感官教学进入的观察，都是从长到短的。而且在练习的过程当中，宝宝会非常感兴趣，别看简单摆放，宝宝却对此乐此不疲。宝宝开始区分实物时，爸爸妈妈要用有趣而特殊的方法教宝宝，以调动宝宝的智力发育。

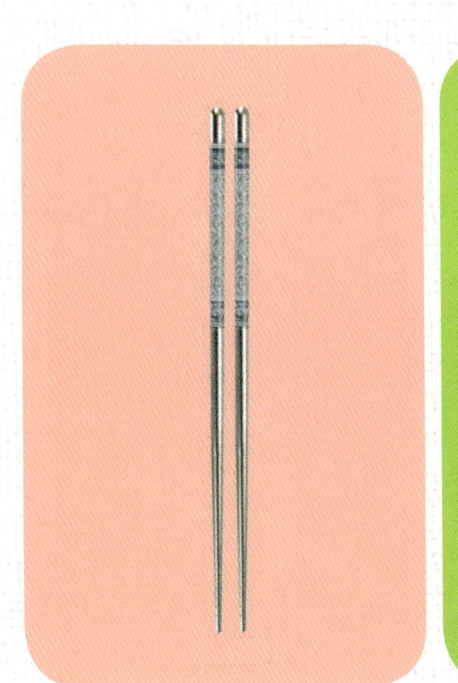

{ 亲子智力游戏200个 }

1~2岁

19

小白兔**吃胡萝卜**

目　　的　数字的顺序。
适合年龄　1岁5个月。
练习次数　1天1次，每次3分钟。

游戏步骤

请你帮小白兔按照1~10的顺序走，成功吃到胡萝卜。

◎ 早教老师的游戏点评：

这个以数学为基础的游戏，可以教宝宝数数，引导宝宝进行多与少的比较；学习加、减运算、建立数量的概念。让宝宝认识不同的颜色、简单的数字，逐渐认识运算符号。

智能培养　语言开发　数学能力　阅读培养　习惯培养　常识认知　观察能力　艺术训练　逻辑推理　空间知觉

第二章 {1~2岁}

教宝宝学看书

目　　的　这种训练能培养宝宝对图书的兴趣。
适合年龄　1岁1个月。
练习次数　1天1次，每次5分钟。

1~2岁
20

游戏步骤

1. 在宝宝情绪愉快时，爸爸或妈妈要让宝宝坐在自己的怀里，打开一本适合宝宝读的图书。妈妈先打开书中宝宝认识的一种小动物图画，引起宝宝的兴趣，再当着他的面把书合上，说："大熊猫藏起来了，我们把它找出来吧！"妈妈要示范一页一页翻书，一旦翻到，要立刻显出兴奋的样子："哇，我们找到了！"

2. 然后，再合上书，让宝宝模仿你的动作，打开书也找到大熊猫。起初，宝宝只能打开、合上，但渐渐地就会一次翻好几页。

◎早教老师的游戏点评：

多给宝宝讲好听的故事，宝宝稍大点后，让宝宝自己学着阅读图画书，以丰富宝宝对文字和图画关联的认识，为宝宝今后的概括总结提供具体材料。

智能培养　语言开发　数学能力　阅读培养　习惯培养　常识认知　观察能力　艺术训练　逻辑推理　空间知觉

97

{亲子智力游戏200个}

翻书页

1~2岁 21

目 的	可以有效地训练宝宝手指的肌肉运动,增加灵活性。
适合年龄	1岁1个月。
练习次数	1天1次,每次10分钟。

游戏步骤

妈妈在给宝宝看书时,有意识地让宝宝自己翻书页。刚开始,宝宝可能不知道怎么下手,乱翻一气。此时,妈妈不要着急,也不要担心书会被撕坏而不给宝宝练习的机会,而是要反复给宝宝做正确的翻书示范,不断练习后,宝宝就能慢慢学会用正确的方法翻书了。

◎早教老师的游戏点评:

拿专供婴幼儿阅读的大开本彩图,薄而耐用的书,边讲边帮助他自己翻着看,最后让宝宝自己独立翻书。爸爸妈妈观察宝宝是否顺着看,从头开始,每次翻一页还是几页。宝宝开始时可能不分倒顺和次序,要通过认识简单图形逐渐加以纠正。随着空间知觉的发展,宝宝自然会调整过来。

两只小鸟的故事

第二章 {1~2岁}

目的	重复阅读加深他们的记忆。
适合年龄	1岁3个月。
练习次数	1天1次，每次10分钟。

游戏步骤

一棵树上有两只小鸟，很可爱，她们的爸爸妈妈都去了很远的地方。两只小鸟晚上自己睡觉，白天一起唱歌跳舞。饿了时就由个头小的那只小鸟守着小窝，个头大的那只小鸟出去找虫子，等把虫子找回来后，它们两人每人一口，从来不争抢。

有一天，小鸟哥哥生病了，飞不动了，小鸟弟弟说："哥哥今天你在家里守着咱们的小窝，我去给咱们找吃的"说完就飞走了。小鸟哥哥等了好久，才见弟弟飞回来，弟弟很累，口里叼着一只很小的虫子，放在哥哥的嘴边，说："哥哥你吃了吧，我不饿"哥哥说："我们一起吃吧"。弟弟和哥哥都想让对方吃掉虫子，可最后谁也不想自己独自吃，它们就决定每人一小口。

◎早教老师的游戏点评：

大多数宝宝是从他当时见过、听过和接触过的东西中学习语言的，因此，爸爸妈妈要把握时机，对1岁半的宝宝，要通过画片、实物等，耐心反复地教育宝宝认识事物，增加词汇。多讲故事，故事能给宝宝欢乐，激发他学习的兴趣。

{亲子智力游戏200个}

唱儿歌

1～2岁 23

目　的　增加宝宝的语言理解能力，丰富宝宝的语言词汇。
适合年龄　1岁3个月。
练习次数　1天1次，每次10分钟。

游戏步骤

爸爸妈妈可以把宝宝抱坐在膝盖上或让宝宝躺在小床上，经常给宝宝念押韵的儿歌，让他随声点头、拍手，也可用手扶着他的两只胳膊，左右摇晃身体，多次重复，他就能自己做简单的动作。

◎早教老师的游戏点评：

儿歌和阅读是促进宝宝语言发展的主要手段，多给宝宝唱儿歌，多给他讲故事，配合表情和动作，增加宝宝的语言理解能力，丰富宝宝的语言词汇。同时，在押韵或重复字处放慢速度，给宝宝一定的时间模仿发音。

小鸭子过桥

小鸭子过桥摇呀摇，
小兔儿过桥蹦蹦跳，
小袋鼠过桥妈妈抱，
小螃蟹过桥横着爬。

小兔智斗大灰狼

目的 锻炼宝宝的语言能力和动手能力。
适合年龄 1岁6个月。
练习次数 1天1次，每次5分钟。

游戏步骤

"兔妈妈有一对双胞胎，一个叫皮皮，一个叫乖乖，它们两个长得一模一样。有时连父母也分不清楚。有一天，两只小兔到树林里去采了一大筐蘑菇，它们两个很高兴，提着筐子往回走。忽然，有一只大灰狼从后面窜了出来，凶猛地说：ّ'我要吃掉你们。'两只小兔听见了，说：'咱们明天比赛跑步，从这跑到远处的那棵大树。我们输了，你就吃掉我们。赢了，你就不能吃了。'大灰狼心想：'这还不容易'，于是就答应了。正在一旁吃草的牛伯伯听见了它们的话，说：'这样吧，明天我来当裁判。'

第二天，两只小兔提前来到树林里，乖乖先藏了起来。过了一会儿，牛伯伯和大灰狼也来了。牛伯伯喊了声'开始'，大灰狼和皮皮就赶快跑了起来，大灰狼跑在前面，皮皮跑在后面。跑到一半的时候，乖乖跑出来，继续往前跑，而皮皮则藏到了旁边的草丛里。乖乖越跑越快，超过了大灰狼，第一个到达了终点。牛伯伯宣布：'小兔第一名！'乖乖高兴地跳了起来，大灰狼气呼呼地走了。"

◎早教老师的游戏点评：

1岁半以后的宝宝逐步可以理解简单的问题了，宝宝喜欢听故事里有趣的情节，喜欢看妈妈的表情，喜欢让妈妈不断地重复。爸爸妈妈给宝宝讲故事，不一定需要宝宝把故事记住，只要宝宝享受这愉快的时光，感受语言的魅力就足够了。

{亲子智力游戏200个}

读书"猎字"

1~2岁 25

目的　感知句子的模式，增强对句子结构的理解。
适合年龄　1岁10个月。
练习次数　1天1次，每次10分钟。

游戏步骤

1. 准备两本书和几张简单的字卡，父母和宝宝每人看一本书，比一下谁"猎"到的字多。先出示一张汉字的卡片，如"口"，父母和宝宝一起认读，等宝宝熟悉后，给他一本书，让他在阅读时如果"捕捉"到"口"时，就在汉字卡的后面贴上一颗五角星。

2. 等到一本书阅读结束，看看宝宝找到了多少个相同的"口"字。每当宝宝猎到一个汉字时要给予赞扬和鼓励。父母和宝宝比赛，看谁猎到的多，父母可适当放慢速度，让宝宝"赢"，以增加他的游戏兴趣。用同样的方法学习其他的汉字。

◎ 早教老师的游戏点评：

宝宝语言智能的发展就是通过他对文字的音、形、义，以及听、说、读、写这四个方面来认识的。宝宝虽然很小，但爸爸妈妈仍可以用很轻松、简单的方式提升他的语言智能。

第二章 {1～2岁}

好困啊！要睡觉了

目　　　的	使宝宝逐渐建立初步的时间概念。
适合年龄	1岁3个月。
练习次数	每天坚持。

1～2岁
26

游戏步骤

看看下面这三张图，哪张是对的？
1. 天黑，小宝宝在玩游戏。
2. 天黑，小宝宝在睡觉。
3. 天黑，小宝宝在哭闹。

◎早教老师的游戏点评：

爸爸妈妈要从小培养宝宝按时睡觉的习惯与规律饮食的习惯，不要总是抱着宝宝连拍带摇、又走又唱地哄着睡，这样虽然也能入睡，但却养成了不良的睡眠习惯，这样哄着睡常常容易惊醒，睡得不踏实。

这张是对的

智能培养
语言开发
数学能力
阅读培养
习惯培养
常识认知
观察能力
艺术训练
逻辑推理
空间知觉

103

{亲子智力游戏200个}

啊！危险

1~2岁 27

目 的	让宝宝产生危险意识。
适合年龄	1岁3个月
练习次数	2天1次，每次2分钟。

游戏步骤

1. 妈妈要让宝宝知道热水是不能随便用手摸的。妈妈把水杯放在桌上，然后自己碰一下，并迅速地将手拿开，让宝宝知道这很可怕，碰到了会很疼。

2. 妈妈也可以尝试性的让宝宝碰一下热水杯，宝宝觉得很烫，下一次就会很小心。

◎早教老师的游戏点评：

宝宝到1岁之后就会走路了，活动范围增大了，好奇心也很强，看到什么都想摸一摸、试一试，这时父母便要开始对宝宝进行安全意识和行为习惯的培训了，让宝宝慢慢认识危险，学会自我保护。父母可通过多种方式对宝宝进行教育，如父母以身作则，随时提醒宝宝远离危险物品或危险行为，在游戏中教导宝宝认识危险，给宝宝讲故事，让他通过故事中的情景和危险后果认识危险。

第二章 {1～2岁}

帮我拿饼干

1～2岁
28

目　　的	自己的事情自己做。
适合年龄	1岁9个月。
练习次数	1天1次，每次2分钟。

游戏步骤

家里的零食都放在一个固定的地方，宝宝想吃的时候要自己去拿。每次，宝宝自己在妈妈的同意下，自己拿吃的，妈妈就要表扬宝宝。

◎早教老师的游戏点评：

平时父母就要积极地做好自己的事情，自己的事情不要依赖别人。父母是孩子的一面镜子，一言一行，一举一动幼儿全看在眼里，记在心里。父母首先要有良好的生活习惯，对宝宝的要求，父母自己首先要能做到。

智能培养　语言开发　数学能力　阅读培养　习惯培养　常识认知　观察能力　艺术训练　逻辑推理　空间知觉

105

{亲子智力游戏200个}

小小"搬运工"

1~2岁 29

目　　的	自己整理玩具。
适合年龄	1岁10个月。
练习次数	1天1次，每次5分钟。

智能培养　语言开发　数学能力　阅读培养　习惯培养　常识认知　观察能力　艺术训练　逻辑推理　空间知觉

游戏步骤

把玩具箱子打开，把玩具都放到宝宝可以触及到的地方，妈妈可以引导宝宝把散落在地上的玩具一件一件放回箱子中。

◎早教老师的游戏点评：

训练宝宝在玩过玩具后，将玩具整理好并放回原处的良好习惯。妈妈就可以给宝宝做示范，妈妈放一个，宝宝放一个，然后妈妈再放一个，宝宝再放一个，这样轮流摆放直到把所有玩具都放进箱子里。搬运物体看似简单，其实可以和空间感的建立联系起来。在完成小任务的过程中，还可以培养宝宝的责任意识。

第二章 {1~2岁}

自己穿衣服

目 的	锻炼宝宝的自理能力和动手能力。
适合年龄	2岁。
练习次数	1天1次，每次10分钟。

1~2岁
30

游戏步骤

1. 妈妈和宝宝比赛，看谁穿衣服最快。

2. 妈妈要放慢自己的速度，让宝宝和自己的速度差不多，妈妈要根据宝宝的个性，掌握是自己先穿完还是让宝宝先穿完。

◎ 早教老师的游戏点评：

让宝宝自己穿、脱衣服是培养宝宝生活自理能力的一个重要步骤。开始他可能穿不好，裤子穿反了或两条腿伸在一条裤腿里。在这样的情况下，家长要鼓励孩子，穿不好重穿，要从容易到复杂。让宝宝学穿衣服最好是从夏天开始，因为夏天穿的衣服简单，而且慢慢穿也不易受凉。

智能培养　语言开发　数学能力　阅读培养　习惯培养　常识认知　观察能力　艺术训练　逻辑推理　空间知觉

107

{亲子智力游戏200个}

各种形状

1~2岁 31

目　　的	培养宝宝对图形的区分能力及对应能力，促进大脑发育。
适合年龄	1岁2个月
练习次数	1天1次，每次10分钟。

游戏步骤

1. 妈妈指着书上的图形给宝宝看。
2. 让宝宝了解是什么形状。

◎早教老师的游戏点评：

　　进一步强化宝宝对图形的区分能力及对应能力，锻炼智力，促进大脑发育。在初期，可以每次只认一个图形，继续复习3~4天，再开始教第二个图形。

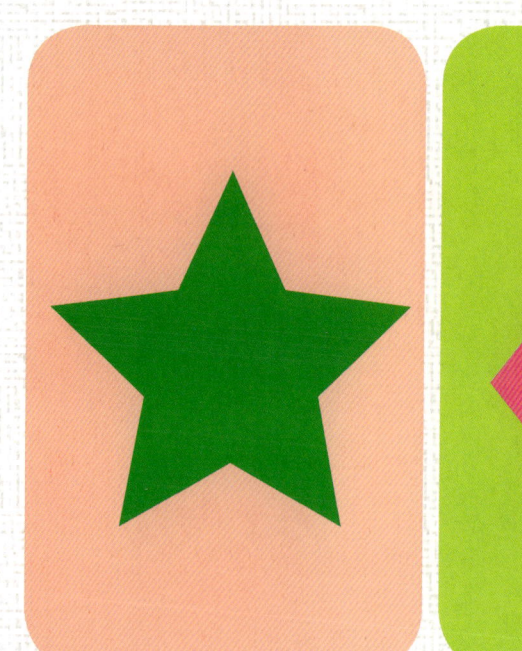

五颜六色的扑克牌

目　　的	通过观察物体的细节，认识颜色。
适合年龄	1岁3个月
练习次数	2天1次，每次10分钟。

第二章 {1～2岁}

1～2岁
32

游戏步骤

1. 妈妈用一副普通的纸牌向宝宝展示。妈妈先拿出红色的桃心和方块，告诉宝宝这些都是红色的。

2. 再拿出梅花和黑桃的扑克牌，放在一起，告诉宝宝这些都是黑色的。

3. 让宝宝自己也找一找，哪些是黑色的，哪些是红色的。

◎ 早教老师的游戏点评：

妈妈利用日常生活中的一些东西，根据某些相同点将其归为一类，比如根据颜色、形状、用途等，这种方法是非常直观的，引导孩子寻找归类的根据，即事物的相同点，可以使孩子注意事物的细节，增强其观察能力。

智能培养　语言开发　数学能力　阅读培养　习惯培养　常识认知　观察能力　艺术训练　逻辑推理　空间知觉

{亲子智力游戏200个}

1~2岁

33

区别少与多

目　的 让宝宝了解多和少，促进识数能力的发展。
适合年龄 1岁4个月
练习次数 1天1次，每次2分钟。

游戏步骤

1. 要开饭啦，妈妈和爸爸让宝宝坐在餐桌前，可以和宝宝一起摆桌子。

2. 大人让宝宝一起数出3个碗，每人1个。可以同时使用一些简单的形容数量的词，比如"许多"、"少"等。

◎ 早教老师的游戏点评：

在这个年龄，宝宝能够区别出少与多，刚开始理解数词是跟数量相关的词语。到2岁的时候，宝宝能够明白1就是指一个物体，2、3等数词就表示多个物体，真正计数还要到更大一些才能明白。

智能培养　语言开发　数学能力　阅读培养　习惯培养　常识认知　观察能力　艺术训练　逻辑推理　空间知觉

110

第二章 {1～2岁}

认识 小动物

目　　的	让宝宝了解动物。
适合年龄	1岁4个月
练习次数	1天1次，每次10分钟。

1～2岁
34

游戏步骤

1. 妈妈准备一些小动物的卡片给宝宝看，让宝宝仔细看看这是什么动物啊？
2. 妈妈模仿小动物的叫声，让宝宝找出这个叫声应该是什么动物的声音呢？

小猫小猫，喵喵喵，
小狗小狗，汪汪汪，
小鸡小鸡，叽叽叽，
小鸭小鸭，嘎嘎嘎，
小鸟小鸟，吱吱吱，
老虎老虎，嗷嗷嗷，
青蛙青蛙，呱呱呱。

◎ 早教老师的游戏点评：

妈妈应该保持着一颗童心，与孩子一起玩、一起游戏，一起体验大自然的奥妙。家长应该买来科普画册给宝宝看，一些视觉系列图书，内容从太空到热带雨林，还有介绍史前的恐龙、猫科类动物、海洋动物，图文并茂，孩子都很喜欢。

骏马 horse	骏马奔驰在辽阔的草原上。 81
老虎 tiger	凶猛的老虎喜欢捕食羚羊和小鹿。 92
狮子 lion	高大威猛的狮子是草原之王。 96
山羊 goat	山羊长着弯弯的角和长长的胡须。 84

智能培养　语言开发　数学能力　阅读培养　习惯培养　常识认知　观察能力　艺术训练　逻辑推理　空间知觉

{亲子智力游戏200个}

红绿灯

1~2岁
35

目 的	让宝宝了解生活常识，知道红绿灯的含义及简单的交通规则。
适合年龄	1岁8个月
练习次数	1天1次，每次2分钟。

游戏步骤

1. 和孩子玩"红绿灯"的游戏，孩子根据妈妈的命令前进，然后再停止。

2. 妈妈可以把动作调整为慢慢步行，旋转或侧走。

3. 然后换宝宝指挥妈妈做。

◎早教老师的游戏点评：

培养孩子的多种能力要和生活结合起来，使孩子的自信心建立在实实在在的基础上。在活动中，应运用各种形式来丰富孩子的知识，引导孩子学常识、学数学、学语言，引导孩子动手动脑，手、眼、脑、口协调并用，调动孩子的学习兴趣。

智能培养　语言开发　数学能力　阅读培养　习惯培养　常识认知　观察能力　艺术训练　逻辑推理　空间知觉

第二章 {1～2岁}

为什么**不吃苹果核**

目　　的	让宝宝认识水果的同时明白应该吃水果的什么部位。
适合年龄	1岁8个月
练习次数	3天1次，每次10分钟。

1～2岁
36

游戏步骤

1. 妈妈将一个苹果切成两半，让宝宝仔细观察苹果里面的样子。

2. 妈妈要认真讲解果核的作用：讨论果籽将来能否长成苹果树，解释不吃果核的原因。

◎ 早教老师的游戏点评：

由于认知水平、思考问题的方式、表达能力等方面的局限性，这个时期的很多孩子还不能很清晰的明白家长到底在说些什么，但是对于孩子来说，在实践中学习知识、认知社会是非常重要的途径。

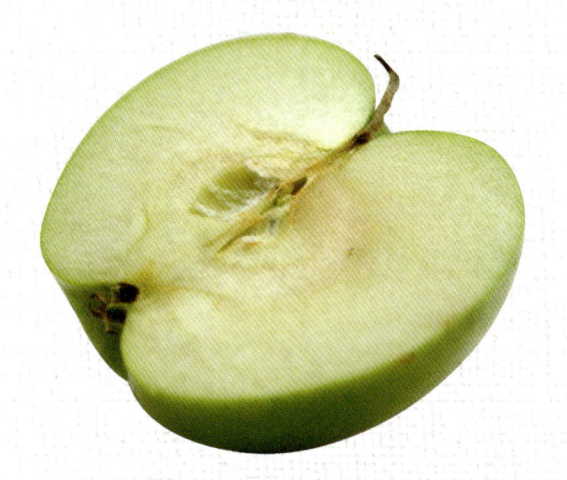

吃苹果要吃苹果肉，营养成分都在苹果肉里，苹果核不能吃，还容易卡到嗓子。

智能培养
语言开发
数学能力
阅读培养
习惯培养
常识认知
观察能力
艺术训练
逻辑推理
空间知觉

113

{亲子智力游戏200个}

为什么穿这件T恤

1~2岁
37

目　　的	让宝宝把天气和穿衣服联系起来。
适合年龄	1岁10个月
练习次数	1天1次，每次5分钟。

游戏步骤

1. 平时给宝宝穿衣服时妈妈可以养成一个习惯，每次都告诉宝宝为什么要选这件衣服。

2. 因为今天天气冷，所以今天宝宝要穿毛衣。或者因为我们要参加一个正式的晚会，所以我们要穿这件漂亮的连衣裙。

◎ 早教老师的游戏点评：

如果妈妈在做任何事的时候，都能和孩子一起分享，可以让孩子知道，穿衣和天气有关，和场合有关。一般孩子会很乐意接受这种形式，很多家长也就省去了因为这种日常小事经常和孩子生气的麻烦。

智能培养　语言开发　数学能力　阅读培养　习惯培养　常识认知　观察能力　艺术训练　逻辑推理　空间知觉

微笑和哈哈大笑

目　　的　通过观察表情，可以让宝宝懂得表达感情的含义。
适合年龄　1岁2个月
练习次数　2天1次，每次3分钟。

游戏步骤

1. 看看下面的画，一个是微笑的表情，另一个是哈哈大笑的表情。
2. 妈妈根据图画也做出微笑和哈哈大笑的表情，让孩子也去做。
3. 妈妈要根据图画问宝宝，今天的宝宝是哪个心情呢？

◎ 早教老师的游戏点评：

妈妈对孩子的爱是这个世界上最纯洁、最无私的情感，每一个孩子都享受着妈妈给予的幸福和快乐。只是一个微笑、一个眼神、一个高兴的姿态、一个不经意的动作、一句随口的鼓励或表扬，就能把浓浓的爱传递给孩子，通过平时的观察，让宝宝从小学会关心别人。

第二章 {1～2岁}

1～2岁
38

智能培养
语言开发
数学能力
阅读培养
习惯培养
常识认知
观察能力
艺术训练
逻辑推理
空间知觉

115

{亲子智力游戏200个}

哪里**不一样**

1~2岁 39

目 的	有利于提高宝宝的观察力和记忆力。
适合年龄	1岁8个月
练习次数	1天1次，每次10分钟。

游戏步骤

1. 妈妈让宝宝观察第一张图，然后妈妈遮住第一张图，让宝宝再看看第二张图。

2. 宝宝想一下，第一张图和第二张图有什么不一样呢？

3. 妈妈可以提示宝宝。当宝宝说对了之后，妈妈一定要表扬宝宝。

◎早教老师的游戏点评：

宝宝的语言能在这个阶段会有极大的发展，而且记忆力也日渐增强，因此，这一时期要训练宝宝多交谈、多玩耍、多参加一些有助于认知能力和观察能力发展的游戏，因为这时的宝宝开始喜欢探索，想找到事物之间更深一层的关系。

答案：头发、袜子、衣服

第二章 {1~2岁}

看看多了谁

目　　的	有助于提高宝宝的观察力和记忆力。
适合年龄	2岁
练习次数	1天1次，每次3分钟。

1~2岁
40

游戏步骤

1. 先让宝宝看看这页书上都有哪些食品、用品，给宝宝点时间记住它们。
2. 然后妈妈用东西挡住其中的一个物品，让宝宝想想，被挡住的玩具是什么。

◎ 早教老师的游戏点评：

宝宝出生后的最初三年，是人"潜意识教育"的积累时期。而正是由于这样的积累，才能使得这些记忆在日后变化成"显意识教育"。宝宝对事物有一定的认识和接受能力，爸爸妈妈要根据宝宝认识事物的特点进行潜移默化的训练，要循序渐进，不能急于求成。

智能培养　语言开发　数学能力　阅读培养　习惯培养　常识认知　观察能力　艺术训练　逻辑推理　空间知觉

117

{亲子智力游戏200个}

找食儿

1~2岁 41

目　　的	通过反复训练，让宝宝提高观察力和注意力。
适合年龄	2岁
练习次数	1天1次，每次2分钟。

游戏步骤

1. 小松鼠好饿好饿啊，怎么办呢？前方有很多松果，小松鼠馋得口水都流出来了。
2. 宝宝想一想，小松鼠怎么走才能吃到松果呢？
3. 妈妈让宝宝用手指"走"过去吧。

◎早教老师的游戏点评：

观察力能够帮助孩子获取周围世界的有关知识和信息，是孩子认识世界的基础。人的大脑所获得的信息，有80%～90%是通过视觉和听觉输入到大脑的，迷宫游戏是提高观察力最好的游戏。

智能培养　语言开发　数学能力　阅读培养　习惯培养　常识认知　观察能力　艺术训练　逻辑推理　空间知觉

好玩的 "8"

目　　的	想象力是创造力的起点。
适合年龄	2岁
练习次数	1天1次，每次5分钟。

游戏步骤

1. 看看下面这个数字"8"，让宝宝动脑想一想，"8"的一半是什么呢？
2. 宝宝可以多想出几种答案就更好了，也可以让宝宝自己动手画一画。

◎ 早教老师的游戏点评：

妈妈还可以给宝宝准备若干色彩各异的彩色纸，让他随意画出自己喜欢的图形，然后在指导宝宝将彩色纸角对角，边对边的折叠起来。在折叠的过程中，彩色纸上的图案会不断发生变化，这种直观的效果更能激发宝宝的想象力和推理能力。

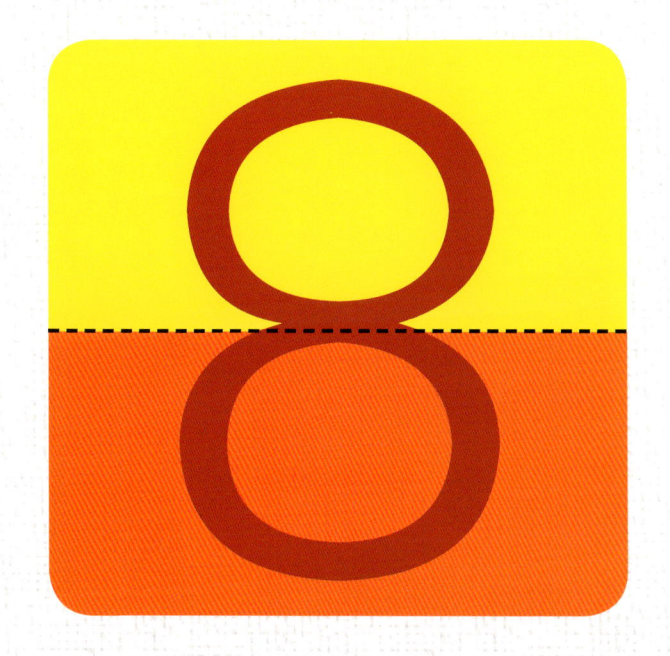

{亲子智力游戏200个}

可爱的文字

1~2岁 43

目　　的　让宝宝通过观察图形文字提高观察力。
适合年龄　2岁
练习次数　1天1次，每次10分钟。

游戏步骤

1. 中国的文字是象形文字，用文字来提高宝宝的观察力和记忆力是非常好的游戏。

2. 妈妈让宝宝看看这些像小山、像太阳一样的文字，让宝宝想想其他的文字像什么呢？

◎早教老师的游戏点评：

宝宝想象力的提高，单纯靠说说是行不通的。给宝宝一个想象的空间，才是爸爸妈妈所能为他提供的最行之有效的方法。

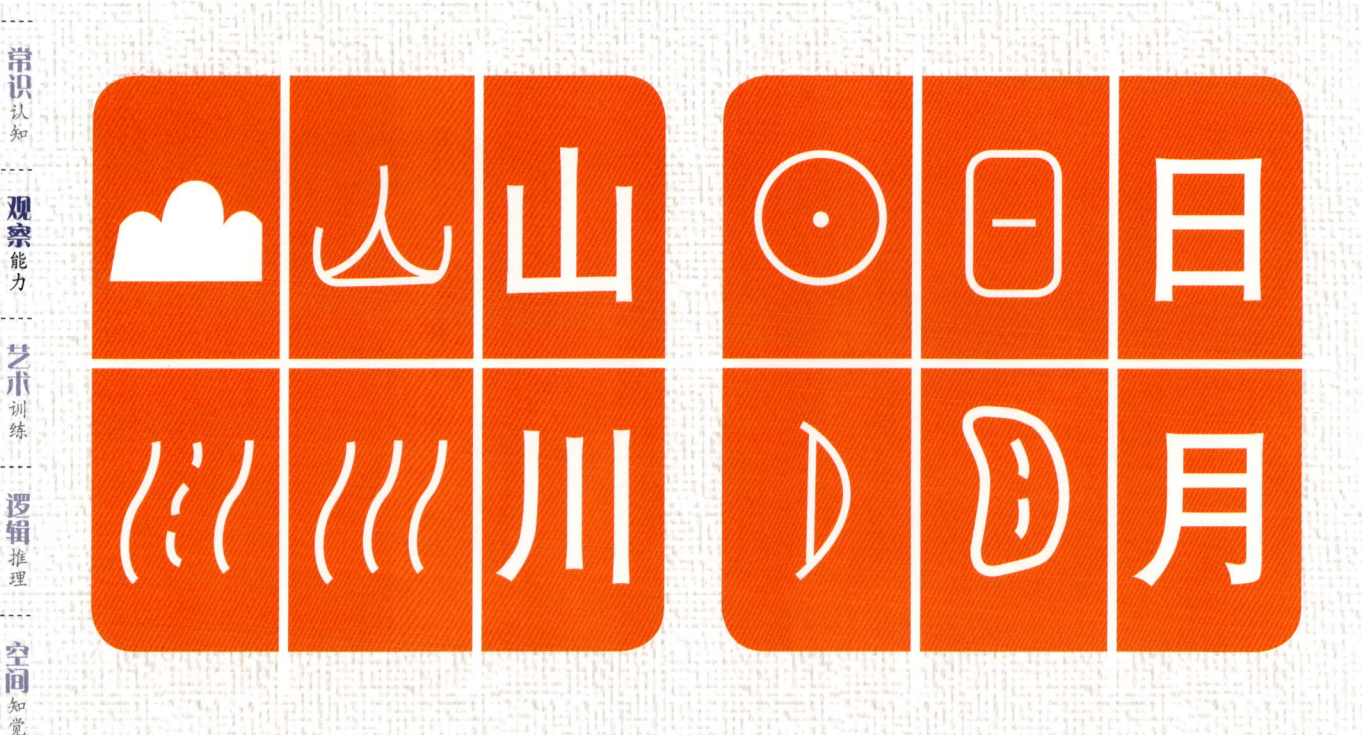

第二章 {1~2岁}

小乌龟

目　　的　加强语言能力、音乐意识和自知意识。
适合年龄　1岁8个月
练习次数　1天1次，每次10分钟。

1~2岁
44

腿短头小脖子长，
身上背着大硬壳。
随时准备藏起来，
长命百岁它最强。

◎早教老师的游戏点评：

家长可以引导孩子多看多读或者背诵儿歌、歌谣，充分挖掘儿歌中的故事情节。如果孩子想象力缺乏，脑中储存的语汇匮乏，就不能充分表达自己的思想，所以儿歌是培养孩子的语言能力和想象能力的重要方法。

智能培养　语言开发　数学能力　阅读培养　习惯培养　常识认知　观察能力　艺术训练　逻辑推理　空间知觉

{亲子智力游戏200个}

智能培养　语言开发　数学能力　阅读培养　习惯培养　常识认知　观察能力　艺术训练　逻辑推理　空间知觉

1~2岁
45

画线

目　的 用艺术激发宝宝的想象力。
适合年龄 1岁10个月
练习次数 1天1次，每次10分钟。

游戏步骤

1. 给孩子套一件工作衣，找一个安全的地方，给他许多笔、一些可以洗涤的颜料和一套他能握住的毛笔，让他去作画。

2. 这时期的宝宝能画出线段，也许不能画成直线，但是没有关系，需要给宝宝创造更多的绘画机会。

3. 家长要在房间里展示他的作品，可以鼓励宝宝的自信心。

◎ 早教老师的游戏点评：

通过绘画对宝宝手部动作和精细动作进行训练，可以及早地开发宝宝的大脑，让宝宝变得更聪明。此时的宝宝很喜欢画画，要注意训练宝宝拿笔的方法。另外，要尽早训练宝宝左右手握、捏等精细动作。绘画活动是发展宝宝想象力的有效途径。在这个过程中，爸爸妈妈要积极鼓励宝宝去创造，表扬他的想象，让他自己更加积极地投入到想象和创造的世界里。

10个印第安男孩

目　　的	培养宝宝的听觉敏感度。
适合年龄	2岁
练习次数	1天1次,每次10分钟。

第二章 {1~2岁}

1~2岁
46

Ten little Indians
One little, two little, three little Indians;
Four little, five little, six little Indians;
Seven little, eight little, nine little Indians;
Ten little Indian boys.
Ten little, nine little, eight little Indians;
Seven little, six little, five little Indians;
Four little, three little, tow little Indians;
One little Indian boy.

◎早教老师的游戏点评:

　　宝宝听到好听的音乐或愉快的音乐时,会高兴得手舞足蹈。这时,爸爸妈妈可以抓着宝宝的身体配合音乐舞动,让宝宝学会用身体表现快乐的情绪。

智能培养
语言开发
数学能力
阅读培养
习惯培养
常识认知
观察能力
艺术训练
逻辑推理
空间知觉

123

{亲子智力游戏200个}

智能培养
语言开发
数学能力
阅读培养
习惯培养
常识认知
观察能力
艺术训练
逻辑推理
空间知觉

1~2岁
47

唐诗《春晓》

目　　的	让宝宝通过背诵古诗感受古诗的韵味。
适合年龄	2岁
练习次数	1天1次，每次10分钟。

春晓
春眠不觉晓，处处闻啼鸟。
夜来风雨声，花落知多少？

译文：春天来了，天亮得越来越早。一觉醒来，已经是大亮天，听到窗外都是鸟的叫声。昨天夜里，听到又刮风又下雨，不知道风雨打落了多少花朵？

◎早教老师的游戏点评：

为了鼓励孩子背唐诗宋词，妈妈就和她一起背，孩子背一首妈妈背一首，像比赛一样，看谁记得又快又准。孩子觉得这种方法特别有意思，"妈妈都能背好，为什么我不行呢？"所以孩子就背得更加起劲了。整个过程孩子都是在主动学习。

论语 《为政篇第二》

目 的 让宝宝通过阅读《论语》感觉古人的语言风格。
适合年龄 2岁
练习次数 1天1次，每次10分钟。

子曰："温故而知新，可以为师矣。"

译文：

孔子说："时时温习已经学过的知识，由此就能获取新的更深的知识，这样就可以为人师表了。"

子曰："学而不思则罔，思而不学则殆。"

译文：

孔子说："学习了而不深入思考，就会迷惑；只是去空想而不去学习，那就危险了。"

◎ 早教老师的游戏点评：

婴儿时期已经具有强大的学习能力，而且教育方式得当可以让孩子更早的认字识数、背诵古诗词。但是孩子各方面发育还不是很成熟，不能用强度过大的办法来进行训练。家长对孩子进行的早期教育要有科学依据，还要方法得当，这样才能收到事半功倍的效果。

{亲子智力游戏200个}

手指操 《燕子妈妈和燕子宝宝》

1~2岁 49

目　的	让宝宝通过阅读儿歌，了解燕子的习性。
适合年龄	2岁
练习次数	1天1次，每次10分钟。

燕子妈妈飞飞，
燕子宝宝追追。
燕子妈妈捉小虫，
燕子宝宝吃小虫。
燕子妈妈盖新房，
燕子宝宝住新房。
燕子妈妈爱宝宝，
燕子宝宝爱妈妈。

◎早教老师的游戏点评：

　　幼儿的智力发展应当同时体现在手指的操作、语言的表达和用脑的思考上。动手、动口与动脑三者之间有着息息相关的内在联系。从小给孩子一双灵巧的小手，是促进孩子思维发展、丰富其语汇、增强其自信心的基础。

白天和夜晚

目　　的	给宝宝讲解白天和晚上的不同。
适合年龄	1岁3个月
练习次数	1天1次，每次10分钟。

第二章 {1～2岁}

1～2岁
50

游戏步骤

1. 这两张图一张是白天，一张是晚上，妈妈让宝宝仔细看一看，这两张图有什么不同呢？

2. 这两张图哪一张是晚上，哪一张是白天？妈妈要顺便讲解白天和夜晚的不同。

◎ 早教老师的游戏点评：

妈妈要善于让孩子运用自己的感官，看看、听听、摸摸、闻闻，多带孩子到大自然中、社会中去观察，培养孩子的逻辑思维能力。

智能培养　语言开发　数学能力　阅读培养　习惯培养　常识认知　观察能力　艺术训练　逻辑推理　空间知觉

127

{亲子智力游戏200个}

智能培养　语言开发　数学能力　阅读培养　习惯培养　常识认知　观察能力　艺术训练　逻辑推理　空间知觉

哪些是水果

1~2岁 51

目　　的	让宝宝明白同类归纳的问题。
适合年龄	1岁6个月
练习次数	1天1次，每次10分钟。

游戏步骤

1. 下面的图哪些是水果，哪些不是水果？
2. 妈妈也可以同时拿实物给宝宝选择，实物的感觉更加直观，更易于宝宝选择。

◎ 早教老师的游戏点评：

妈妈要有意识地学会在日常生活中发现、捕捉、选择、利用较好的教育时机，对孩子及时地实施教育，可以取得事半功倍的效果。在日常的家庭生活中，有很多可以把握的教育机会。

好吃**的饭菜**

目　　的 通过训练宝宝对食物的认知能力，加强宝宝的逻辑思维能力。
适合年龄 1岁8个月
练习次数 1天1次，每次10分钟。

游戏步骤

1. 妈妈让宝宝看看这几张图，让宝宝选一下，哪几张不属于食物。
2. 如果宝宝能很快就找出来，妈妈一定要表扬宝宝。还要让宝宝描述一下食物的味道。

◎ 早教老师的游戏点评：

逻辑能力有助于孩子理性思维的培养，想象力有助于孩子感性思维的培养。有了缜密的理性思维，将来做事才能更周密，更有步骤，有计划；想象力带来创造力，所以想象力能让孩子学会创新，不拘一格。

{亲子智力游戏200个}

排排顺序

1~2岁 53

目　　的	对宝宝进行时间先后的推理训练。
适合年龄	1岁8个月
练习次数	1天1次，每次10分钟。

游戏步骤

1. 下面这两张图，哪一张是先发生的，哪一张是后发生的？
2. 妈妈可以提醒宝宝自己吃面条的时候是什么样子的呢？

◎ 早教老师的游戏点评：

这时期宝宝思维能力已经很强了，有了一定的逻辑推理能力，宝宝的记忆能力也超出父母的想象，宝宝对世界充满着好奇，父母要抓住这个机会，挖掘宝宝的智慧。

先　　　　　后

智能培养　语言开发　数学能力　阅读培养　习惯培养　常识认知　观察能力　艺术训练　逻辑推理　空间知觉

130

第二章 {1~2岁}

少了哪一块

1~2岁
54

目　　的	启发宝宝颜色、形状等方面的推理能力。
适合年龄	1岁8个月
练习次数	1天1次，每次10分钟。

游戏步骤

1. 妈妈让宝宝看看这两张图，左边的图片上少了一块儿，而这张图片上少的这一块是右边的四张图中的一张。

2. 妈妈让宝宝仔细观察一下，选择合适的补上。

◎早教老师的游戏点评：

　　知识不全靠机械的记忆，更多的知识是在实践中发现获得，宝宝掌握规律性的知识越多，就越能促进判断和推理思维的发展。

答案：第一张

智能培养　语言开发　数学能力　阅读培养　习惯培养　常识认知　观察能力　艺术训练　逻辑推理　空间知觉

131

{亲子智力游戏200个}

刮风了

1~2岁 55

目　　的	讲解风的运动原则。
适合年龄	1岁10个月
练习次数	1天1次，每次10分钟。

游戏步骤

1. 风朝什么方向吹呢？看看这两张图，妈妈让宝宝好好分析一下，哪张图有风，哪张图没有风？

2. 宝宝可能不知道风到底是怎么吹的，妈妈可以给宝宝讲一讲，或者用吹风机给宝宝演示一下。

◎ 早教老师的游戏点评：

有时候孩子并不是不知道问题的答案，而是不能够将问题本身与答案的内在逻辑关系找出来。这时候，妈妈所要做的，就是帮助孩子架构起这座逻辑思维的桥梁，帮助他去理解，引导他去获知。

智能培养　语言开发　数学能力　阅读培养　习惯培养　常识认知　观察能力　艺术训练　逻辑推理　空间知觉

132

找**不同**

目　　的	分类训练。
适合年龄	2岁
练习次数	1天1次，每次3分钟。

1～2岁
56

游戏步骤

1. 让宝宝看见这两张图，有什么不同？
2. 妈妈可以启发宝宝从哪些方面考虑。

◎早教老师的游戏点评：

家长平时可以有针对性地训练宝宝按照物品的大小、颜色、属性等不同特征进行分类。在生活中，妈妈可以用不同的玩具进一步对宝宝进行分类训练。

{亲子智力游戏200个}

1~2岁
57

我的帽子朝着你

目 的	培养空间感。
适合年龄	1岁6个月
练习次数	2天1次，每次10分钟。

游戏步骤

1. 妈妈和宝宝面对面坐在地板上，头上各戴一顶帽子。
2. 妈妈教宝宝如何戴好帽子。然后，妈妈转动帽檐，使帽檐朝右、朝左或朝后等。
3. 宝宝也跟着妈妈的动作转动帽檐。

◎早教老师的游戏点评：

爸爸妈妈可以鼓励宝宝以各种方式体验自己的身体在空间中移动，他会明白上面、下面、中间这些表示空间方位的词的含义。

第二章 {1～2岁}

我在你前面

目　　的 让宝宝认识前和后。
适合年龄 1岁8个月
练习次数 3天1次，每次10分钟。

1～2岁
58

游戏步骤

1. 妈妈指着左边的图让宝宝看，谁在前面，谁在后面呢？

2. 妈妈可以和宝宝共同玩比较"前、后"的游戏。妈妈站在宝宝的后面，问宝宝在哪里啊？妈妈再站到宝宝的前面，问宝宝，妈妈在哪里啊？

◎ 早教老师的游戏点评：

这个游戏适用于所有学习类型的宝宝，通过宝宝感兴趣的物体来学习"前、后、左右"的方位知识，提高宝宝的思维能力和理解能力。

后

前

智能培养
语言开发
数学能力
阅读培养
习惯培养
常识认知
观察能力
艺术训练
逻辑推理
空间知觉

135

{亲子智力游戏200个}

快上车吧

1~2岁 59

目的	让宝宝明白什么是里面，什么是外面。
适合年龄	1岁8个月
练习次数	3天1次，每次10分钟。

游戏步骤

1. 妈妈让宝宝看看这两张图，其中一张是小动物在车里面，一张是小动物在车外面。

2. 妈妈像讲故事一样和宝宝说："要出发了，车要开了，小动物还没上车呢，怎么办呢？那就赶快坐到车里面吧！"

◎ 早教老师的游戏点评：

通过图片让宝宝辨别里和外是最直观的了解这个概念的方法，只是用说教的方式宝宝很难理解，也很无趣。通过图片，宝宝一下子就会明白什么是在里面，什么是在外面。

第二章 {1~2岁}

正面和背面

目 的	认识正反面。
适合年龄	2岁
练习次数	3天1次，每次10分钟。

1~2岁
60

游戏步骤

1. 妈妈让宝宝看看下面的图。
2. 哪个是正面朝向的，哪个是背冲着自己的呢？

◎早教老师的游戏点评：

学习分类法把日常生活中的一些事物根据某些相同点将其归为一类，如根据颜色、形状、用途等。在归类过程中，宝宝会集中注意力，认真思考物品之间的关系，从而增强其观察能力。

正面

背面

正面

背面

智能培养　语言开发　数学能力　阅读培养　习惯培养　常识认知　观察能力　艺术训练　逻辑推理　空间知觉

137

{亲子智力游戏200个}

这是**谁的影子**

1~2岁 61

目　　的	让宝宝观察图形的轮廓。
适合年龄	2岁
练习次数	3天1次，每次10分钟。

游戏步骤

1. 妈妈指着左边的图让宝宝看，问宝宝，左边的图是右边哪张图片的影子呢？

2. 如果宝宝分辨图形有困难，妈妈可以引导宝宝重点观察图形细节来解决问题。

◎早教老师的游戏点评：

妈妈平时要多激励宝宝去发现更多的问题和新奇现象。让宝宝的好奇能再进一步，坚持下去，最终转换成学习与探索的动力。那么宝宝在以后的学习和成长中一定会收益多多。

智能培养　语言开发　数学能力　阅读培养　习惯培养　常识认知　观察能力　艺术训练　逻辑推理　空间知觉

138

第二章 {1～2岁}

拼拼图吧

目　　的	锻炼宝宝的图形认知和图形组合能力。
适合年龄	2岁
练习次数	每周1次，每次10分钟。

1～2岁
62

游戏步骤

1.妈妈指着左边的圆形让宝宝看，这个时期的宝宝已经完全认识圆形了。

2.妈妈再让宝宝看看右边的这些图形，右边的这些图形哪些组合在一起就会拼出圆形呢？

◎早教老师的游戏点评：

　　爸爸妈妈要常变化着方式训练宝宝的这种能力，可以准备1支画笔和1块画板，在画板上任意画一些图形，让宝宝想想每个图形像什么东西。比如画一个圆形，如果宝宝说不出这个是圆形，那就鼓励宝宝说说他像什么，让他和具体的物品联系起来，比如圆形可以像鸡蛋、西瓜……也可以先让宝宝自己动手画一画，妈妈可以在宝宝的画的基础上修正一下，让宝宝看得出来画的是什么。这样不仅可以让宝宝发散了思维，还提升了动手能力，在游戏中也可以增进亲子感情。

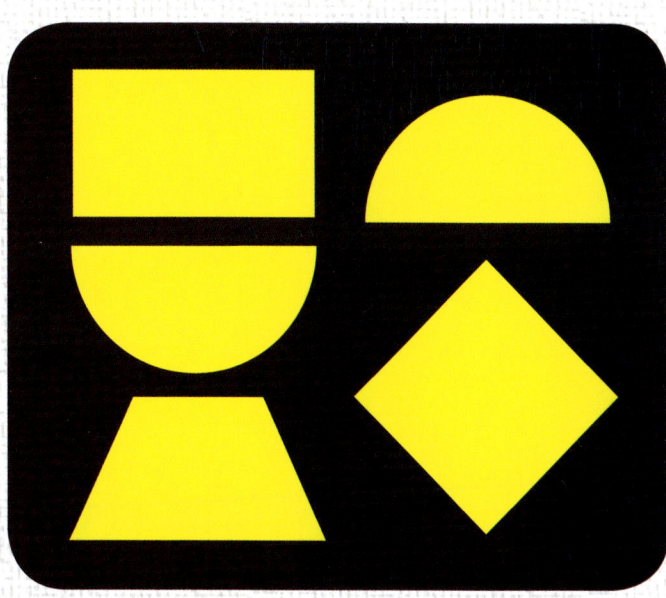

智能培养
语言开发
数学能力
阅读培养
习惯培养
常识认知
观察能力
艺术训练
逻辑推理
空间知觉

第三章

学会与人相处...

2～3 岁

2岁多的宝宝开始逐渐认识世界，即将走进幼儿园，有了自己的小天地，有了自己的社交圈子。这时候，妈妈爸爸要注意培养宝宝养成良好的生活习惯，知道与人相处的方法，迈出人生关键的一步。

{亲子智力游戏200个}

拍拍游戏

2~3岁 1

目　　的	鼓励宝宝触摸自己的身体，也有助于增强宝宝的身体敏感度。
适合年龄	2岁
练习次数	1天1次，每次5分钟。

游戏步骤

1. 妈妈笑眯眯地望着宝宝，用手轻拍宝宝身体，先从头部开始，逐步由肩膀、胳膊到身体和腿等部位，一边做一边说："拍拍头、拍拍手"等来配合。

2. 也可以让宝宝拍爸爸或妈妈的相应部位，找到不同和相同之处。

◎ 早教老师的游戏点评：

宝宝的模仿能力也增强很多，开始感受、理解符号。能用物品或自己的身体当做假装游戏的符号；还能创造他们自己的符号，喜欢用各种笔在各种地方画各种符号。

第三章 {2~3岁}

滚皮球

目　　的	增强宝宝的身体协调能力。
适合年龄	2岁3个月
练习次数	1天1次，每次5分钟。

2~3岁
2

游戏步骤

首先妈妈让宝宝身体平躺，然后轻轻推动宝宝使其左右滚动。边推动边念儿歌："滚皮球，滚皮球，滚来一个大皮球，皮球起来了（将宝宝拉起），皮球滚远了（将宝宝滚到另一边）……"如此反复进行。

◎早教老师的游戏点评：

这些游戏可以全面训练宝宝的运动能力，练习行走自如、跑、跳以及长距离运动，从而促进跳跃运动的发展。摔跤是宝宝成长道路上必然经历的事，妈妈不用因为怕宝宝摔倒而限制宝宝的行动。

智能培养　语言开发　数学能力　阅读培养　习惯培养　常识认知　观察能力　艺术训练　逻辑推理　空间知觉

{亲子智力游戏200个}

跳跳舞

2~3岁 3

目的　促进宝宝的左右脑的发育。
适合年龄　2岁6个月
练习次数　1天1次，每次5分钟。

游戏步骤

让宝宝跟着音乐的节奏做各种各样自己喜欢的动作，如：跳舞、拍手等。

◎早教老师的游戏点评：

让宝宝自由的舞蹈，没有任何规定动作的限制，既可以发挥宝宝的想象力，又可以让宝宝不受束缚地动作，妈妈可以和宝宝一起舞蹈，跟着宝宝的动作一起运动，宝宝会因为有妈妈的模仿而更加有乐趣。

第三章 {2～3岁}

翻筋斗

目　　的	训练平衡能力。
适合年龄	3岁
练习次数	1天1次，每次10分钟。

2～3岁
4

游戏步骤

宝宝有时候会试着弯下腰身，从自己的两条腿间去看翻转的世界。此时妈妈可以利用这个机会，顺势抓住宝宝的大腿和腰部，协助宝宝完成被动式的翻滚。让宝宝在这种被动的引导下尝试翻筋斗，如此反复几次宝宝逐渐就可以自主完成了。

◎早教老师的游戏点评：

训练宝宝的平衡感，使宝宝的手臂和腿部更有力。同时对训练宝宝行走时的平衡感和流畅感都有很大的帮助。

145

{亲子智力游戏200个}

智能培养 | 语言开发 | 数学能力 | 阅读培养 | 习惯培养 | 常识认知 | 观察能力 | 艺术训练 | 逻辑推理 | 空间知觉

2~3岁
5

小小飞行员

目 的	训练四肢活动能力。
适合年龄	3岁
练习次数	1天1次，每次3分钟。

游戏步骤

1. 妈妈屈膝仰卧在床上。游戏开始时，妈妈说："我们来开飞机，你当飞行员，现在你来上飞机。"

2. 妈妈拉着宝宝的双手，让宝宝的脚踏在自己的脚背上。待宝宝站稳后，妈妈将小腿抬起伸平，让宝宝骑在自己的小腿上。妈妈说："开飞机了！"同时拉着宝宝的双手向左右转动，模拟方向盘转动。妈妈又说："飞机上天了！"同时拉着宝宝的双手平举。最后妈妈说："飞到了，下飞机了！"

3. 接着让宝宝从妈妈放下的腿上慢慢地滑下去。

◎早教老师的游戏点评：

此项游戏可发展想象力，训练宝宝四肢的活动能力，通过抬头、低头、平衡等动作，使全身肌肉获得锻炼。

用脚取物

目 的	让宝宝学会灵活地运用双脚脚趾,并用脚感受不同材质的物品。
适合年龄	3岁
练习次数	1天1次,每次3分钟。

2~3岁
6

游戏步骤

把纸杯倒放在地上,宝宝坐在地上,双手触地支撑身体平衡,用脚趾将纸杯夹起来。同样将碗和毛绒玩具放在地上,让宝宝尝试着用脚趾夹起相对较重的碗和材质柔软的毛绒玩具。

◎早教老师的游戏点评:

宝宝行走自如了,开始玩起花样来,或横着走,或倒退着走,或一脚踩在一根方木上,一脚踩在地上,一高一低地往前走。宝宝站着能把球扔出1米远。这些都不新奇,因为宝宝腿部肌肉已具备了一定的力量,臂力也不算小了。

147

{亲子智力游戏200个}

智能培养　语言开发　数学能力　阅读培养　习惯培养　常识认知　观察能力　艺术训练　逻辑推理　空间知觉

走直线

2~3岁 7

目　　的	训练宝宝的平衡能力和行走能力。
适合年龄	2岁4个月
练习次数	1天1次，每次3分钟。

游戏步骤

1. 爸爸妈妈用布做成一条宽度适宜的"羊肠小路"，然后让宝宝在这条路中间行走，也可以牵着宝宝到室外的小路上行走。

2. 注意不要让宝宝偏离路线，一边走一边鼓励宝宝，也可以顺便教宝宝一些儿歌。

◎ 早教老师的游戏点评：

宝宝的平衡感已经相当好，站在离地1米高的凳子上，能保持平衡并向前走上几步。现在宝宝不满足于正常速度的跑步，他要快速奔跑了。

跷跷板

目的	培养亲子之间的情感，营造和谐的家庭气氛。
适合年龄	2岁
练习次数	1天1次，每次10分钟。

2～3岁 8

游戏步骤

妈妈的大手牵着宝宝的小手，然后宝宝坐在妈妈的脚上，妈妈用双脚托起宝宝，再上下摆动双脚，让宝宝找到跷跷板的感觉。

◎ **早教老师的游戏点评：**

如果在户外，爸爸妈妈也可以玩这个游戏，刚开始爸爸妈妈在圈外拉着宝宝的一只手，带宝宝沿着画好的大圆圈走，等宝宝熟悉后让他独自走。爸爸妈妈可根据宝宝的具体情况，调整走动的速度和圆圈的大小。每次走的时间不要太长，先顺时针走几圈，再逆时针走几圈，这样交替进行，以免宝宝绕着一个方向走晕了，游戏可以反复进行。

{亲子智力游戏200个}

斜坡练习

2~3岁 9

目　　的	有效锻炼宝宝的四肢协调能力及平衡能力。
适合年龄	2岁
练习次数	1天1次，每次10分钟。

智能培养　语言开发　数学能力　阅读培养　习惯培养　常识认知　观察能力　艺术训练　逻辑推理　空间知觉

游戏步骤

妈妈用一只手扶住宝宝走上斜坡，待宝宝走得比较稳之后，再鼓励宝宝不借助外力独自走斜坡，游戏可以重复数次进行。

◎ 早教老师的游戏点评：

这个游戏每次走的时间不要太长，尤其是上下坡的时候要注意宝宝的踝部关节，这个游戏容易崴脚，家长要牵好宝宝的手。

第三章 {2~3岁}

皮球游戏

目　　的 锻炼宝宝的身体协调能力。
适合年龄 2岁5个月
练习次数 每周1次，每次10分钟。

2~3岁
10

游戏步骤

先让宝宝自行玩耍皮球，建立一定的球感，然后由爸爸妈妈教给宝宝一些玩球的基本动作。例如：让宝宝双臂伸直，把球高举过头顶，向后放手让球从身后落下，或者将球用力向前抛出等。随后让宝宝自己动动脑找到球，反复进行游戏。

◎ 早教老师的游戏点评：

通过玩球丢球找球，锻炼宝宝的控球能力，运动能力以及身体协调能力。通过手臂的肌肉运动，增强宝宝的上肢力量。

智能培养
语言开发
数学能力
阅读培养
习惯培养
常识认知
观察能力
艺术训练
逻辑推理
空间知觉

151

{亲子智力游戏200个}

小雨点旅行记

2~3岁 11

目 的	怎样"飞"到天上，为什么要来到大地上等问题，锻炼宝宝的语言描述能力以及想象力。
适合年龄	2岁
练习次数	1天1次，每次10分钟。

游戏步骤

1. 下雨时，带宝宝到窗户旁观察窗外下雨的情景。

2. 妈妈和宝宝讨论：雨是从哪里来的，是怎样"飞"到天上去的，为什么要降到地上来。

3. 妈妈可以借助问题引导宝宝思考，例如，雨在天空时藏在哪里？为什么我们抬头看不到，为什么雨能"飞"到天上去，宝宝和我却不能呢？

4. 宝宝描述后，妈妈还可以编一个故事，和宝宝辩论一下。例如，我觉得雨不是宝宝说的那样，肯定是喷水龙在云朵上睡着了，突然，一朵小云彩飘进了他的鼻子里，喷水龙鼻子发痒，就打了一个喷嚏，所以就有了这场雨。

◎早教老师的游戏点评：

宝宝对充满奇幻色彩的神话故事很感兴趣，妈妈可以在活动之前，借助神话故事激发宝宝的好奇心，例如，雷公电母、龙王降雨等神话故事，丰富宝宝的想象力。

智能培养　语言开发　数学能力　阅读培养　习惯培养　常识认知　观察能力　艺术训练　逻辑推理　空间知觉

第三章 {2~3岁}

推车里的小宝宝

目　　的	训练宝宝说出简单的句子，发展宝宝的语言能力。
适合年龄	2岁
练习次数	1天1次，每次10分钟。

2~3岁
12

游戏步骤

妈妈推着小推车，推车里坐着小宝宝，他们正准备去公园里的草地上玩耍呢。

快请妈妈给宝宝讲讲图画中正在发生的故事吧。

◎ 早教老师的游戏点评：

孩子的语言爆发期是难以预测的。有的孩子的渐进期较长，有的孩子的爆发力强。从量的积累到质的飞跃，个体情况千差万别。只要没有发音障碍或理解困难，孩子需要的就是时间、积累和鼓励。

智能培养　语言开发　数学能力　阅读培养　习惯培养　常识认知　观察能力　艺术训练　逻辑推理　空间知觉

153

{ 亲子智力游戏200个 }

美丽的农场

2~3岁 13

目　　的	训练宝宝说出简单的句子，发展宝宝的语言能力。
适合年龄	2岁
练习次数	1天1次，每次10分钟。

游戏步骤

小熊婆婆有一个很大的农场，里面种满了蔬菜、水果、花朵，非常漂亮。宝宝跟妈妈说说小熊婆婆美丽的农场。想一想：如果宝宝有了自己的农场都想种些什么？

◎ 早教老师的游戏点评：

无论是否处于关键期，如果能激发孩子的欲望，就能让孩子有学习的欲望，当孩子产生了用语言表达的欲望。并且这种欲望达成时，孩子会有满足感和成就感；当孩子感受到表达的愉悦和意义，就会更乐于表达，也就渐渐变得善于表达了。

智能培养　语言开发　数学能力　阅读培养　习惯培养　常识认知　观察能力　艺术训练　逻辑推理　空间知觉

第三章 {2～3岁}

接龙**讲故事**

2～3岁
14

目 的 让宝宝学会发挥想象编故事，训练其语音表达能力和组织能力以及动脑思考问题的能力。
适合年龄 3岁
练习次数 每周1次，每次10分钟。

游戏步骤

妈妈在闲暇、外出坐车或等车时可以跟宝宝玩接龙游戏，如妈妈先开头："从前有一个小姑娘……"引导宝宝接着想象："养着三只小猪……"

◎ 早教老师的游戏点评：

这里所说的家庭气氛，除了指家长的良好心态和宽松的学语氛围之外，更是指总体上家庭成员之间的关系。和睦的家庭、亲密的关系、热切的交流，对孩子而言，就是良好沟通的最好示范。如果家庭中关系紧张、常有冲突，容易让孩子不知所措，产生紧张和焦虑的情绪，孩子的语言发展往往就会受到影响。

智能培养　语言开发　数学能力　阅读培养　习惯培养　常识认知　观察能力　艺术训练　逻辑推理　空间知觉

155

{亲子智力游戏200个}

小蜜蜂，嗡嗡嗡

2~3岁 15

目的	帮助宝宝理解语言和动作之间的关系，提高宝宝的语言学习能力，促进宝宝语言能力的发展。
适合年龄	2岁6个月
练习次数	每周1次，每次10分钟。

游戏步骤

1. 一个蜜蜂头饰。

2. 妈妈和宝宝面对面坐着，妈妈戴上蜜蜂头饰扮演蜜蜂。

3. 妈妈一边说"一只小蜜蜂"一边用示指做"1"的动作，将双手放在头的两侧，说"飞到花丛中"时，伸出双手做飞的动作。

4. 妈妈说"飞到东来飞到西"时，分别向左右侧过身体，做"飞"的动作。

5. 妈妈说："飞来飞去，嗡嗡嗡"时，夸张地用嘴发出"嗡嗡嗡"的声音，并将头靠近宝宝。

6. 让宝宝戴上蜜蜂头饰，妈妈边说儿歌边引导宝宝做动作。

◎早教老师的游戏点评：

1. 在制作蜜蜂头饰的时候，如果妈妈邀请宝宝当小助手，宝宝会更开心。

2. 妈妈还可以制作小熊、小白兔、小蝴蝶等头饰，设置不同的场景，和宝宝玩类似的游戏。

第三章 {2～3岁}

大卡车运货

目　　的 让宝宝多说话，了解大卡车的形状、用途。
适合年龄 2岁6个月
练习次数 每周1次，每次10分钟。

2～3岁
16

游戏步骤

1. 妈妈说："大卡车今天非常忙，要开始运送货物了。"说完妈妈将卡车"开"到装货的地点，将两个苹果放入车里，然后将卡车"开"到宝宝面前，说："嘀嘀嘀，大卡车开回来了，大卡车运来了什么货物啊？"最后妈妈想办法让宝宝回答："大卡车运来了苹果。"

2. 鼓励宝宝和妈妈继续玩这个游戏，这回要让宝宝描述大卡车在工作的情景，发挥想象力，最好和妈妈说的不一样。

◎早教老师的游戏点评：

宝宝熟悉这个游戏后，妈妈可试着编成儿歌。请宝宝扮演小司机和装卸工，将大卡车上的小东西一个接一个地传递到妈妈手中，这样更能促使宝宝多说话。

智能培养　语言开发　数学能力　阅读培养　习惯培养　常识认知　观察能力　艺术训练　逻辑推理　空间知觉

157

{亲子智力游戏200个}

2~3岁 17 学习**反义词**

目　　的	日常生活中让宝宝多积累各种词性的反义词和对应词。
适合年龄	2岁3个月
练习次数	1天1次，每次10分钟。

游戏步骤

妈妈——爸爸	爷爷——奶奶
叔叔——阿姨	哥哥——姐姐
男——女	老——幼
大——小	多——少
长——短	高——矮
坏——好	宽——窄
前——后	上——下
左——右	东——西
南——北	天——地
黑——白	红色——绿色
方——圆	轻——重
新——旧	胖——瘦
美——丑	真——假
动——静	热——冷
快——慢	坐——站
开——关	哭——笑
醒——睡	拿——放
举起——放下	喜欢——讨厌
勤劳——懒惰	陌生——熟悉
安全——危险	附近——远方
高兴——难过	表扬——批评

◎早教老师的游戏点评：

父母要结合实际和具体的东西来教宝宝理解反义词组，不能让他死记硬背。父母可拿出一大一小两个小球，告诉宝宝"这个大，这个小，大和小是反义词。"或拿一个胖乎乎的娃娃和一个瘦瘦的娃娃，教宝宝认识胖和瘦等；或通过讲故事，告诉宝宝什么是勤劳和懒惰等；平时还可以教宝宝背诵反义词歌，如"长对短，大对小，高对低，红对绿"等。等宝宝掌握了一些反义词时，父母可和他比赛，父母说一个词，让宝宝说出反义词。

大　　　　小

机灵的小老鼠

目 的	给宝宝讲故事，通过对话刺激宝宝语言能力的发展。
适合年龄	2岁1个月
练习次数	1天1次，每次10分钟。

森林里居住着一只猫和一只老鼠。它们两个总是斗来斗去，每次都是机智的老鼠把猫玩弄得焦头烂额。

有一天晚上，小老鼠开始出门觅食，它兴冲冲地四处寻找食物。突然，远远地传来"喵"的一声，原来，是趾高气扬的猫开始出门巡视了。这个时候，猫也发现了小老鼠，顿时，猫的眼中就冒出了火花，它觉得这是报仇找回面子的好机会。看着快速追上来的猫，小老鼠胸有成竹地一笑，等到猫快要追上的时候。小老鼠麻利地钻进旁边的一个洞里。可不幸的是，尾巴还留在外面。这下猫乐坏了，大声吼道："这下看你往哪里溜！"说着，猫就使劲抓住老鼠的尾巴向后一拔。"咣当"一声，猫一下子就摔个四脚朝天。原来啊，这是小老鼠留下的一个假尾巴。远远地，小老鼠看到上当的猫摔倒在地，乐得哈哈大笑。机智的小老鼠又一次用自己的智慧战胜了猫。

◎ 早教老师的游戏点评：

积极帮助孩子渡过语言发展期，并不是为了把孩子变得"优秀"，而是让他快乐地成长，感受语言的力量和生活的乐趣。孩子的语言能力培养，不仅需要大人"多说"，还需要激起孩子"说"的欲望，让孩子想说、乐学，这一点非常关键。

{亲子智力游戏200个}

2~3岁 19 先说**不做的鹦鹉**

目　的 给宝宝讲故事，通过对话刺激宝宝语言能力的发展。
适合年龄 2岁1个月
练习次数 1天1次，每次10分钟。

一天早晨，两只小麻雀乐乐和佳佳刚起来就开始了热烈的讨论，他们在商量一会儿去玩什么。乐乐先说了，"我们出去做游戏吧！""好啊，那我们玩什么游戏好呢？"佳佳问道。可还没等到乐乐回答佳佳的问话，旁边就飞来了一只黄鹦鹉，很不客气地打断了他们两个人的谈话。他大咧咧地说：今天天气不错啊，两位麻雀兄弟。"两只小麻雀冲他点点头，继续自己刚才的话题。"那我们去玩捉迷藏吧！"乐乐继续说。可还没等到佳佳回答呢，黄鹦鹉就抢先说，"不行不行！""那我们玩滑梯吧"，乐乐又说道。"我看……"还没等佳佳说完，那只讨厌的黄鹦鹉又插嘴了："不行，滑梯太危险了！"总是被鹦鹉打断，佳佳有些不高兴了。可这时候鹦鹉还是继续说个不停。"你们可以去远足啊，也可以去跳跳舞啊……"鹦鹉在那里自以为是地说了半天。"停停停，你这只鹦鹉！"两只小麻雀生气了，他们指指外面的天空，（这时的天空已经开始落雨点了）说："你看，就你在这里瞎捣乱，我们现在什么都玩不成了！"说完，两只小麻雀拍拍翅膀飞走了，只留下一只还没说够的鹦鹉停在那里。

◎ 早教老师的游戏点评：

多做语言游戏，如和孩子一起讲故事，编故事，玩接龙、续尾、角色扮演之类的游戏；让孩子注意观察细节，并有条理地描述出来。

小花猪

目 的	给宝宝讲故事，通过对话刺激宝宝语言能力的发展。
适合年龄	2岁1个月
练习次数	1天1次，每次10分钟。

2～3岁 20

从前，有一只有名的小花猪，他的两只衣袖啊，跟大花脸一样，因为他总是拿来擦鼻涕啊、口水、饭粒、汗水和眼泪。只要需要擦的，小花猪总是直接拿起衣袖就擦。可就是这样下去，他的衣袖不仅看起来像个大花脸，还有种怪怪的味道。每次他兴冲冲地走上去要跟别的小朋友玩的时候，别的小朋友总是尖叫着跑开。"别，别啊！等等我啊，跟我一起玩啊！"气喘吁吁的小花猪总是在后面追着其他小朋友想要跟他们一起玩。可所有的小朋友都一边跑一边喊："不，我们才不跟你玩呢，你太脏了，还臭！"好多次以后，小花猪总是看着别的小朋友在一起高高兴兴地玩，自己只能孤独地坐在大树爷爷那发呆。

有一天，大树爷爷实在看不下去了，就从树枝上给他拿了一块亮闪闪的树叶手绢，大树爷爷跟小花猪说："以后，你要是擦鼻涕的时候都用它，就会变得干净起来，小朋友也就愿意跟你一起玩了。"小花猪试验了以后，发现真的管用，小朋友们都愿意跟变干净的小花猪玩呢！

◎早教老师的游戏点评：

当宝宝能够说出比较完整的简单句子时，就开始尝试着说复合句了。但这么大的宝宝，还不会把复合句用连接词恰当地连接起来。宝宝复合句的运用能力，是与简单句的运用能力平行发展起来的。在不断完善简单句的同时，复合句的运用能力也在不断得到发展。

{亲子智力游戏200个}

手指会数数

2～3岁 21

目　　的	让宝宝学会用手指表示从1～5的数字。
适合年龄	3岁
练习次数	1天1次，每次3分钟。

游戏步骤

1. 妈妈教宝宝用手指表示从1～5的数字：1根手指代表1，2根手指代表2，4根手指代表4。

2. 待宝宝的手指能熟练摆出从1～5的数字时，妈妈可以考考宝宝：妈妈说一个5以内的数字，宝宝听到数字后，立刻摆出相应的手指。

3. 妈妈和宝宝互换角色，请宝宝报数，妈妈伸手指，让宝宝来评评妈妈做得对不对，妈妈偶尔要出错一两次，考考宝宝的观察能力和判断能力。

◎早教老师的游戏点评：

1. 妈妈教宝宝用手指表示从1～5的数字，例如，用V字形手势表示数字2。

2. 鼓励宝宝用多种方法表示同一个数字，甚至可以让宝宝做出各种手指造型，激发宝宝的想象力。

3. 在游戏开始时，速度不宜太快，待宝宝适应之后，并在手指数正确的基础上可逐渐加快速度，训练宝宝的反应能力。

哪边多，哪边少

目　　的	初步认识"多"与"少"。
适合年龄	2岁3个月
练习次数	1天1次，每次5分钟。

第三章 {2~3岁}

2~3岁
22

游戏步骤

秋天到了，大象伯伯的农场丰收了。宝宝来说一说，盘子里的苹果、香蕉、橘子哪边多，哪边少？

◎ 早教老师的游戏点评：

在游戏中，让宝宝比较事物的多少，可以帮助宝宝初步认识"多"与"少"，有助于培养宝宝多与少的对比能力。在比较的过程中，需要宝宝集中注意力，能帮助宝宝养成专注的习惯。爸爸妈妈平时在训练宝宝分"多"与"少"时，要选取数量差别较大的物品，方便宝宝辨认。

智能培养
语言开发
数学能力
阅读培养
习惯培养
常识认知
观察能力
艺术训练
逻辑推理
空间知觉

163

{亲子智力游戏200个}

测量家

2~3岁 23

目的	让宝宝借助自己的身体或利用绳子进行测量，建立度量衡的概念，训练宝宝的度量能力。
适合年龄	3岁
练习次数	每周1次，每次10分钟。

游戏步骤

1. 准备一根绳子。
2. 带宝宝到一间比较空旷的房间，让宝宝猜一猜这间房间有多长，然后让宝宝用自己的脚做单位，从这边的墙壁走到那边的墙壁进行测量。
3. 测好房间的长之后，再请宝宝用自己的脚测一测房间有几"脚"长。
4. 然后再给宝宝一根绳子，让宝宝用绳子测测房间的长与宽，看看有什么不同。
5. 鼓励宝宝用自己的脚或绳子也来测测桌子的长与宽。

◎早教老师的游戏点评：

量东西并不一定要用尺子，任何东西都可以作为一个度量衡的单位，例如，绳子、书本等。请宝宝想一想还能用什么工具测量物品，并请宝宝测测家中其他物体的长度，比一比哪些物品长、哪些物品短。让宝宝用自己的脚测量房间，切身感受房间的大小，让宝宝在富有趣味的游戏中建立度量衡的概念，从而训练宝宝的数学度量能力。

第三章 {2～3岁}

宝宝配配看

目　　的	让宝宝了解物品的功能。
适合年龄	2岁4个月
练习次数	每周1次，每次10分钟。

2～3岁
24

游戏步骤

宝宝看一看下面的物品，告诉爸爸妈妈左边的东西应该跟右边的什么东西是"好朋友"，然后说一说这些东西分别都是什么。

◎ 早教老师的游戏点评：

宝宝两岁左右时已经可以对一些物品进行配对，爸爸妈妈可以告诉宝宝生活中一些物品的用途，让宝宝通过事物间的联系来了解这个世界，锻炼宝宝的逻辑推理能力。游戏时，爸爸妈妈要向宝宝说清物品的名称和功能，促进宝宝认知能力的发展。

智能培养
语言开发
数学能力
阅读培养
习惯培养
常识认知
观察能力
艺术训练
逻辑推理
空间知觉

165

{ 亲子智力游戏200个 }

小兔请客

2~3岁
25

目 的	初学加减法。
适合年龄	3岁
练习次数	1天1次，每次5分钟。

游戏步骤

小兔请好朋友小狗、小猫、小熊、小羊吃饭。兔妈妈做了一盘鱼、一盘骨头、一盘骨头、一盘肉和一份青菜，看！兔妈妈又端来了一盘胡萝卜，宝宝数一数桌上一共有几盘菜。加上兔妈妈手上的共有几盘菜呢？

◎早教老师的游戏点评：

这个游戏不仅可以用点数的方法帮助宝宝感知简单的数字加减，锻炼宝宝的数字抽象思维，还可以让宝宝指认图片上的物品。在统计的过程中，爸爸妈妈要给些时间让宝宝思考。当宝宝回答错误时，妈妈要鼓励宝宝，并进行引导，避免宝宝产生沮丧的心情。

第三章 {2~3岁}

小熊的 生日

目 的	初步了解分数。
适合年龄	3岁
练习次数	类似游戏1天1次，每次5分钟。

2~3岁
26

游戏步骤

小熊要过生日了，它的4位好朋友小马、小鸡、小鹿、乌龟，要来参加小熊的生日会，小熊应该把蛋糕切成几份呢？宝宝动动手帮小熊切切蛋糕吧。

◎早教老师的游戏点评：

借助切生日蛋糕，让宝宝了解基本分数，比如二分之一、四分之一、八分之一等知识。爸爸妈妈还可以在宝宝生日时，让宝宝动手切蛋糕，顺势向宝宝介绍比较复杂的分数关系，训练宝宝的数学能力，开发宝宝的数学逻辑智能。

智能培养　语言开发　数学能力　阅读培养　习惯培养　常识认知　观察能力　艺术训练　逻辑推理　空间知觉

167

{亲子智力游戏200个}

考眼力

2~3岁 27

目　　的	仔细观察、比较、找出不同的地方。
适合年龄	3岁
练习次数	类似游戏1天1次，每次5分钟。

游戏步骤

1. 妈妈指着白云的图片，问宝宝："仔细看看，这两朵白云一样吗，哪里有不同？"

2. 这两幅图片是什么季节啊？这两幅图中还有3个地方是不一样的，你再看看，还有哪里不一样？

◎ 早教老师的游戏点评：

和宝宝玩游戏首先要引发宝宝游戏的兴趣。爸爸妈妈可用生动的语言或色彩鲜艳的图画引起宝宝的兴趣。游戏开始前可以让宝宝玩玩摆放出来的图片或其他游戏材料，然后才开始做游戏。

答案1：白云的表情

答案2：蝴蝶结　衣服　向日葵的数量

智能培养　语言开发　数学能力　阅读培养　习惯培养　常识认知　观察能力　艺术训练　逻辑推理　空间知觉

第三章 {2~3岁}

松果和蘑菇

2~3岁 28

目 的	用一一对应的方法比较两种物体的多少。
适合年龄	3岁
练习次数	类似游戏可1天1次，每次5分钟。

游戏步骤

妈妈问宝宝："图片上是谁啊？小兔子提着篮子，篮子里面装着蘑菇，小松鼠的篮子里面装着松果，小兔子的篮子里有几个蘑菇？小松鼠的篮子里有几个松果？那是松果多还是蘑菇多呢？"

◎ 早教老师的游戏点评：

在玩的过程中，妈妈应引导宝宝边玩边说。让宝宝边玩边说，可以使他们清楚地知道自己做了什么，又是怎样做的，使宝宝的思维和语言都得到了相应的发展。

智能培养　语言开发　数学能力　阅读培养　习惯培养　常识认知　观察能力　艺术训练　逻辑推理　空间知觉

169

{亲子智力游戏200个}

温暖的家

2～3岁
29

目 的	引导宝宝理解3的含义，知道2+1=3。
适合年龄	3岁
练习次数	类似游戏可1天1次，每次5分钟。

游戏步骤

1. 这个图上画的是什么啊？这个小朋友的家里有几个人啊？你是怎么知道的？图中是3个的物品有哪些？

◎早教老师的游戏点评：

即使是同一个游戏，也会因为材料不同或改变游戏规则而增加或降低了游戏活动的难度。爸爸妈妈可根据自己宝宝的发展情况和学习能力，随时调整游戏活动的材料和游戏规则，以促进宝宝的发展。

第三章 {2~3岁}

望岳

目的：让宝宝感受古诗的韵律。
适合年龄：2岁
练习次数：1天1次，每次10分钟。

2~3岁 30

望岳
——[唐]杜甫

岱宗夫如何，齐鲁青未了。
造化钟神秀，阴阳割昏晓。
荡胸生曾云，决眦入归鸟。
会当凌绝顶，一览众山小。

《望岳》是中国古代诗歌中吟诵率较高的一首诗。人们在品读此诗时，除了感受到泰山之雄伟外，更多的是被诗中那种"会当凌绝顶，一览众山小"的胸怀所感染，因为这既是盛唐的时代精神的概括，又给人们留下很深的启示。

◎早教老师的游戏点评：

古诗朗朗上口，非常适宜朗读。爸爸妈妈不要一开始就给宝宝灌输古诗难懂的感觉，其实孩子并不认为诗词难懂，所以爸爸妈妈要以轻松愉快的口气来教孩子学古诗。

智能培养　语言开发　数学能力　阅读培养　习惯培养　常识认知　观察能力　艺术训练　逻辑推理　空间知觉

171

{亲子智力游戏200个}

暮江吟

2~3岁 31

目　　的	让宝宝熟练背诵古诗。
适合年龄	2岁6个月
练习次数	1天1次，每次10分钟。

《暮江吟》是白居易《杂律诗》中的一首。全诗构思妙绝之处，在于摄取了两幅幽美的自然界的画面，加以组接。一幅是夕阳西沉、晚霞映江的绚丽景象，一幅是弯月初升，露珠晶莹的朦胧夜色。两者分开看各俱佳景，合起来读更显妙境，诗人又在诗句中妥帖地加入了比喻的写法，使景色倍显生动。

暮江吟

——[唐]白居易

一道残阳铺水中，
半江瑟瑟半江红。
可怜九月初三夜，
露似珍珠月似弓。

◎早教老师的游戏点评：

背诵古诗数量多的宝宝，往往也会喜欢阅读，日后的语文成绩相应的也会很好。被古诗词熏陶的孩子，也会由内而外的产生独特的气质与修养。

红豆

目　的	让宝宝熟练背诵古诗。
适合年龄	2岁6个月
练习次数	1天1次，每次10分钟。

红豆产于南方，鲜红圆润，晶莹似珊瑚，南方人常用来镶嵌饰物。相传古代有位女子，因为丈夫战死边疆，而哭死于树下，化为红豆，后来人们把红豆又称为"相思子"。唐诗中经常用红豆来表示相思之情。相思既包括男女之间的情爱，也包括朋友之间的友爱，本诗就属于后者。诗中语浅情深，物轻情重。小小的红豆寄托了诗人对友人的深深眷恋与思念。

红豆
——[唐]王维

红豆生南国，
春来发几枝。
愿君多采撷，
此物最相思。

◎早教老师的游戏点评：

很多家长害怕早早地让宝宝读古诗，宝宝不明白其中的意思，其实不然。那是我们真的低估了孩子的理解能力。古人云"书读百遍，其义自现"。唐诗宋词是古代文化的精华的浓缩，我们很有必要让孩子接受古诗的熏陶。

{亲子智力游戏200个}

2~3岁 33

三字经（节选）

目　　的	让宝宝在阅读中扩展知识面。
适合年龄	2岁6个月
练习次数	每周3次，每次10分钟。

人之初，性本善。性相近，习相远。
苟不教，性乃迁。教之道，贵以专。
昔孟母，择邻处，子不学，断机杼。
窦燕山，有义方，教五子，名俱扬。
养不教，父之过。教不严，师之惰。
子不学，非所宜。幼不学，老何为。

◎早教老师的游戏点评：

《三字经》中讲授的都是为人处世的方法和道理，宝宝喜欢看故事书，父母要多给宝宝讲一些类似的小故事，让宝宝了解什么是好品质，什么是不应该做的事情。还可结合故事与生活中的一些现象，告诉宝宝怎样才能拥有一个宽广的胸怀等等。

智能培养　语言开发　数学能力　阅读培养　习惯培养　常识认知　观察能力　艺术训练　逻辑推理　空间知觉

第三章 {2~3岁}

小饭盒

目的	利用儿歌时间和宝宝亲密接触。
适合年龄	2岁
练习次数	每周3次，每次10分钟。

2~3岁
34

智能培养
语言开发
数学能力
阅读培养
习惯培养
常识认知
观察能力
艺术训练
逻辑推理
空间知觉

◎早教老师的游戏点评：

我们大人是否发现，小时候学过的一些东西到现在还能脱口而出，小学时背诵过的历史朝代歌，现在还能派上用场。而在中学时期学过的歌曲、古诗文已经忘得差不多了。这是因为儿童时期是记忆的黄金时期，这时期背诵的东西会刻进脑子里，成为永久的记忆。

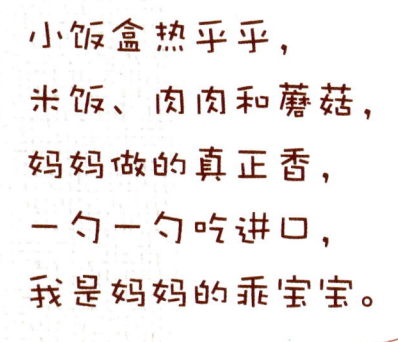

小饭盒热乎乎，
米饭、肉肉和蘑菇，
妈妈做的真正香，
一勺一勺吃进口，
我是妈妈的乖宝宝。

175

{亲子智力游戏200个}

贪吃的小猪

2~3岁 35

目　　的	读儿歌让宝宝学习常识，提高记忆力。
适合年龄	2岁
练习次数	每周3次，每次10分钟。

◎早教老师的游戏点评：

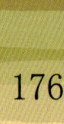

　　加强宝宝的记忆力，也同样需要不断的复习和重复。这可以算是提高他的记忆能力的最佳方法。在对宝宝的记忆力进行复习时，一定要注意采用多种有趣的方式进行。故事、谜语、儿歌等都是好方法，轻松愉快的环境，对于宝宝记忆力的培养更加的有效。

小猪小猪胖乎乎，
圆圆的肚子花肚皮，
抱来一个大西瓜，
噜噜噜噜全吃光，
拍拍肚子晃晃头，
满地打滚真淘气。

智能培养　语言开发　数学能力　阅读培养　习惯培养　常识认知　观察能力　艺术训练　逻辑推理

第三章 {2～3岁}

三只熊

目　　的	阅读儿歌的同时提高语言能力。
适合年龄	2岁
练习次数	每周3次，每次10分钟。

2～3岁
36

智能培养
语言开发
数学能力
阅读培养
习惯培养
语言认知
观察能力
艺术训练
逻辑推理
空间知觉

三只熊在一起，
熊爸爸、熊妈妈、熊宝宝，
熊爸爸胖胖的，
熊妈妈很苗条，
熊宝宝非常可爱，
每天在一起真幸福。

◎早教老师的游戏点评：

　　爸爸妈妈在和宝宝进行交流时，可以把一些简单的故事、生活片断编成小儿歌，让宝宝在朗朗上口的语言中边唱边跳，强化记忆。

177

{亲子智力游戏200个}

2~3岁 37 好孩子**起得早**

目　的	培养宝宝的乐感和语言能力。
适合年龄	2岁
练习次数	每周3次，每次10分钟。

勤劳的小鸟起得早，
拍拍翅膀学飞高。
勤劳的小鸡起得早，
伸伸脖子喔喔叫。
勤劳的孩子起得早，
跑步做操身体好。

◎早教老师的游戏点评：

　　爸爸妈妈都喜欢在宝宝睡觉前给宝宝读故事说儿歌，让宝宝在儿歌中学会爱人和给人带来快乐。另外，你也可以鼓励宝宝，在一些小节日、过生日时，自己动手做一些小卡片，画上自己的作品，或者给家人朋友展示一下自己刚刚学会的祝福的话。这些看似不起眼的小儿歌，其实就是宝宝爱心和良好习惯培养的大帮手。

智能培养　语言开发　数学能力　阅读培养　习惯培养　常识认知　观察能力　艺术训练　逻辑推理　空间知觉

聪明的乌鸦

目 的	读故事能促进宝宝认知能力的发展。
适合年龄	3岁
练习次数	1天1次，每次10分钟。

在很久很久以前，森林里有一对动物，是非常要好的朋友。他们就是聪明的乌鸦和可爱的小猫。有一天，他们两个和往常一样坐在一棵大树底下快乐地聊着天。突然，从不远处冲出来一只凶恶的狮子，明显是要把他们两个给吃掉。聪明的乌鸦看到了以后马上飞上天空，可是小猫却一下子被吓到了。都忘了爬到树上去躲避一下，一边慌张地绕着大树跑圈，一边紧张地冲着乌鸦嚷嚷："乌鸦乌鸦，快救救我啊，快来帮帮我啊！"

聪明的乌鸦看到好朋友被狮子追得那么紧张，他也很是着急。可是对付狮子也不是他自己能做到的啊。没办法，正在天空盘旋的乌鸦忽然看到不远处有一个牧羊人正坐在草地上休息，身边还有几只牧羊犬也躺在地上休息。乌鸦赶紧飞过去，冲着牧羊人开始大声哀求：

"尊敬的牧羊人，拜托您快去救救可爱的小猫吧！她正在被可恶的狮子追逐呢，快要被吃掉了！"可牧羊人对于牺牲休息时间去救一只小猫的提议明显没有兴趣。无奈之下，聪明的乌鸦看到了在一旁躺着睡觉的几只牧羊犬，他就飞过去朝每只牧羊犬啄了一下，被惊醒的牧羊犬们冲着乌鸦就追了过来。

就这样，乌鸦在前面飞，牧羊犬们在后面追，很快就来到了无助的小猫这里。当牧羊犬的看到狮子的时候，全部放弃了追逐乌鸦，开始和狮子搏斗起来。在人多势众的牧羊犬面前，看占不到便宜，狮子也就灰溜溜地走开了。

经过这样一场劫难，可爱的小猫不仅觉得乌鸦很聪明，更是感受到了乌鸦和她的深厚友谊，他俩的关系比以前更加亲密了。

◎早教老师的游戏点评：

这个故事不仅内容单纯、温馨，而且运用了简单、反复的句式，非常适合父母和孩子紧紧地依偎在床上，在熄灯之前一遍又一遍地轻声朗读。还有什么比和孩子在一起，更能让孩子安心入睡的呢？

{亲子智力游戏200个}

农夫与魔鬼

2~3岁 39

目　　的	启发宝宝对美的领悟，培养宝宝在故事情节中尽情地发挥自己的想象。
适合年龄	3岁
练习次数	1天1次，每次10分钟。

从前有位远见卓识、机智聪明的农夫，有关他足智多谋的故事至今仍被人们广为传颂。其中最精彩的要首推他曾经怎样捉弄魔鬼的故事。

一天，农夫在田间劳动了一整天，天黑时正准备回家，忽然发现自己的田里有堆煤在燃烧，他惊讶万分，于是便走上前去看，发现竟有一个黑色的魔鬼坐在燃烧的煤堆上。"你是坐在财宝上吗？"农夫问。"正是财宝。"魔鬼答道，"而且比你一生见到的都要多呢！""财宝在我田里就得归我。"农夫说道。"就归你吧！"魔鬼说，"只要你肯将两年内一半的收成给我就行了。钱，我有的是，但我更喜欢地上的果实。"农夫答应了这桩交易，并说："为了避免在我们分配时出现纠纷，凡泥土上的东西归你，泥土下的归我。"魔鬼感到心满意足，但这位聪明的农夫却种上了萝卜。

现在收获的季节到了，魔鬼又来了，要求收回属于他的收成。但除了那些枯黄的败叶外，他一无所获；而农夫却在兴高采烈地挖着他的萝卜。"这次让你占了便宜，"魔鬼说，"下次可不能这样。地上的归你，地下的归我。""悉听尊便。"农夫答道。播种的季节又到了，这次他可不种萝卜，而是种上了小麦。麦子熟了，他来到田间，把麦秆齐根割倒在地。魔鬼又来了，见到除了麦子残茬外，他又一无所获，气得转身就走，顺着石缝钻了进去。"我就是这样骗倒魔鬼的。"农夫说完，赶紧拾起财宝回家去了。

◎早教老师的游戏点评：

宝宝的语言正处于快速发展时期，他们的思维模式也是具体形象。妈妈在给宝宝讲故事时首先要和宝宝一起看，宝宝既能从妈妈那里得到情感上的满足，又使宝宝近距离地观察和模仿成人讲话，理解故事内容。

第三章 {2~3岁}

谜语

目　　的	使宝宝对事物的认识能力得到深化和提高。
适合年龄	3岁
练习次数	每周1次，每次5分钟。

2~3岁
40

像熊比熊小，
像猫比猫大，
竹笋是它的粮食，
密林中是它的家。

答案：熊猫

尖尖嘴，
细细腿，
尾巴长长，
诡计多端。

答案：狐狸

◎早教老师的游戏点评：

　　谜语的特点就是文字押韵、生动形象。宝宝在猜谜语的同时，会学到很多日常知识，拓展了宝宝的知识面，从而促进其智力和想象力的发展。

智能培养
语言开发
数学能力
阅读培养
习惯培养
常识认知
观察能力
艺术训练
逻辑推理
空间知觉

181

{亲子智力游戏200个}

2~3岁 41 好宝宝**要排队**

目的	教育宝宝有次序的玩游戏。
适合年龄	2岁3个月
练习次数	每次出去玩的时候要教育宝宝。

游戏步骤

1. 妈妈给宝宝看下面的图，3个小朋友都想去玩滑梯。大家一起争着往上挤，哇，好吓人，有个小朋友差点从滑梯上摔下来！这可怎么办呢？

2. 宝宝想一想，发生这种情况，要怎么办呢？这几个小朋友想出了一个好办法，大家乖乖地排好队，一个小朋友滑完，下一个小朋友再滑，这样大家都能玩好，还不会有危险。

◎ 早教老师的游戏点评：

宝宝的常规习惯养成非一朝一夕之事，需要有重点的关注、教育，并采取多种方式去进行培养。所以，妈妈平时应该多在日常生活中注意对宝宝加强教育，让宝宝从小养成良好的习惯。

智能培养　语言开发　数学能力　阅读培养　习惯培养　常识认知　观察能力　艺术训练　逻辑推理　空间知觉

第三章 {2～3岁}

尊老爱幼

目　　的　教育宝宝不能以自我为中心。
适合年龄　2岁6个月
练习次数　日常生活中教育。

2～3岁
42

游戏步骤

爷爷奶奶年纪大了，牙口不好，爸爸妈妈要教育宝宝，吃饭的时候要把适合爷爷奶奶吃的食物先给他们吃。

◎早教老师的游戏点评：

爸爸妈妈平时要身体力行给宝宝做一个尊老爱幼的好榜样，让宝宝在潜移默化当中受到爸爸妈妈的积极影响，从小就懂得尊老爱幼这一中华民族的传统美德。

智能培养　语言开发　数学能力　阅读培养　习惯培养　常识认知　观察能力　艺术训练　逻辑推理　空间知觉

183

{亲子智力游戏200个}

2~3岁 43 小手洗香香

目　　的 养成饭前便后洗手的好习惯。
适合年龄 2岁8个月
练习次数 1天3次。

游戏步骤

1. 妈妈帮助宝宝将衣袖卷上，和宝宝一起站在水龙头旁。"宝宝，饭前便后要将小手洗干净！"

2. 妈妈示意宝宝拧开水龙头后，一起伸出手，将手淋湿，然后请宝宝关上水龙头。

3. 妈妈示范如何抹香皂，将双手来回揉搓，然后依次洗指甲缝、指尖、指尖缝、手心和手背。

4. 搓好香皂后，妈妈请宝宝打开水龙头，跟宝宝一起将手上的香皂沫完全冲净。关上水龙头，用各自的毛巾将手擦干。妈妈要鼓励宝宝洗得很干净，宝宝的小手洗干净很香。

◎ 早教老师的游戏点评：

随着宝宝个人能力的发展，宝宝常常希望可以自己做事情，因为宝宝知道了快乐可以通过自己的行动而得到。但是"现在你干不了""你别摔着了"等，妈妈这些充满爱意的话却让宝宝感觉到自己无能，也让宝宝知道了即使自己不用动，妈妈也会给自己带来满足。

家务小能手

目的 分清楚左右是幼儿空间知觉能力的基础之一。
适合年龄 2岁9个月
练习次数 1天1次，每次10分钟。

2～3岁
44

游戏步骤

爸爸妈妈要创造机会让宝宝扫扫地、擦擦桌子，爸爸妈妈也要跟在旁边，以免宝宝处理不当受伤，也可以和宝宝合力完成家务。

◎早教老师的游戏点评：

这个年龄段的宝宝最喜欢做家务，只要看到爸爸妈妈劳动，就会抢着干活，这个时候爸爸妈妈不要阻止，尽量让宝宝干一些力所能及的家务。

勤剪指甲爱干净

2~3岁 45

目的	养成爱干净的好习惯。
适合年龄	2岁8个月
练习次数	每周1次。

游戏步骤

1. 妈妈让宝宝做家里指甲卫生的监督员，每周的固定时间提醒宝宝要检查家里所有成员的指甲长度。

2. 指甲长了就要剪干净，宝宝也是一样，时间一长，宝宝就会养成剪指甲的好习惯，不再排斥剪指甲。

◎早教老师的游戏点评：

妈妈教育宝宝保持仪容仪表的整洁，要把脸、脖子、手都洗得干干净净；勤剪指甲勤洗头；早晚刷牙，饭后漱口，注意口腔卫生；经常洗澡，保证身体没有异味，衣着要干净、整洁、合体。

自己选择蔬果汁

目的	养成喜欢吃蔬菜，不挑食的好习惯。
适合年龄	2岁10个月
练习次数	1天1次。

2～3岁 46

游戏步骤

妈妈准备一些蔬果汁的图片，每天和宝宝玩一个游戏，就是让宝宝抽图片，宝宝抽到哪个图片，妈妈就和宝宝一起做这个图片上的蔬果汁，大家一起喝。

◎早教老师的游戏点评：

妈妈应该给宝宝添加各种各样的食物，比如水果、蔬菜、肉类等，以获得平衡的膳食。给宝宝添加多种食物可以提供各种宝宝生长所需的营养素，还可以增加宝宝的进食兴趣，避免养成偏食的习惯。

{亲子智力游戏200个}

我爱刷牙

2~3岁 47

目　　的	养成刷牙的好习惯。
适合年龄	3岁
练习次数	早晚各一次。

游戏步骤

从小就要让宝宝养成保护牙齿的好习惯，每天早晚都要刷牙，并要学会正确的刷牙姿势，上上下下里里外外都要刷干净。

◎早教老师的游戏点评：

3岁的孩子要选择大小适中的牙刷，牙刷头长度为1.6～1.8厘米，宽度不超过0.8厘米，高度不超过0.9厘米；牙刷毛要软硬适中、富有弹性，毛头应经磨圆处理。

自己的事情自己做

目 的	启发宝宝智力、训练宝宝动手能力。
适合年龄	3岁
练习次数	1天1次。

游戏步骤

1. 妈妈可以真的，也可以假装做游戏，要带宝宝出去玩。给宝宝准备好一顶帽子、一副手套、一条围巾。物品整齐地放在身边，妈妈也准备好同样的物品。

2. 让宝宝坐好，妈妈告诉宝宝："现在我们要到外面去活动，宝宝自己把帽子戴好。"

3. 妈妈一边说一边示范，围上围巾，戴好手套。然后妈妈再检查宝宝的穿戴情况。

◎早教老师的游戏点评：

时间不求快，有的宝宝独自完成可能有困难，大人可协助。关键是宝宝和妈妈一起做自己的事，认清自己的事自己做，明白每一件物品应该怎样穿戴。

{亲子智力游戏200个}

折叠衣服

2~3岁 49

目的 锻炼宝宝的动手能力，提高自理能力。
适合年龄 3岁
练习次数 1天2次。

游戏步骤

1. 妈妈对宝宝说："我们一起来折叠衣服好吗？自己的衣服要自己收拾哦！我们都把自己的衣服叠起来吧。"接着，妈妈开始折叠袜子，让宝宝跟着做。

2. 折叠好以后放在原来的地方。如果宝宝不会，妈妈可以手把手地教宝宝，然后以同样的方式教宝宝折叠短裤、上衣。

◎早教老师的游戏点评：

收拾衣服是家庭中经常要做的事情，妈妈要让宝宝养成良好的习惯。在平时，妈妈应有意识地让宝宝帮忙一起收拾晾干的衣服，并让宝宝观察妈妈折叠衣服及存放衣服的过程，以游戏的方式引起宝宝的兴趣。开始玩游戏时，衣服的种类不宜过多，以免宝宝分不清。以后可以逐渐增多。

心情报告

目的	鼓励宝宝表达出自己的内心感受。
适合年龄	3岁
练习次数	1天1次。

2～3岁 50

游戏步骤

每天，当宝宝从幼儿园回家后，家长抽出一点儿时间，和宝宝进行一个真情对白，将自己的内心世界说出来。互相讲出令自己不满的事情（雨天）、疑惑的事情（阴天）、开心的事情（晴天），通过交流可以使自己的心情有所改变。

◎早教老师的游戏点评：

宝宝进入幼儿园，就进入了小小的社会，会和小朋友、老师发生很多事情，有开心的、有不开心的。爸爸妈妈要及时了解宝宝的心理变化，也要让宝宝养成良好的倾诉习惯，不要什么事情都放在心里。所以每天放学后，爸爸妈妈都要和宝宝交流，问问宝宝今天发生了什么事情。

{亲子智力游戏200个}

穿衣和脱衣

2~3岁 51

目的	让宝宝养成知冷知热自己穿衣和脱衣的习惯。
适合年龄	3岁
练习次数	1天2次。

游戏步骤

1. 妈妈在带宝宝玩之前，要和宝宝说好："如果你玩热了要自己脱衣服啊。"妈妈可以适当的提醒宝宝是否要脱衣服。

2. 等宝宝没那么热的时候也要提醒宝宝是否应该穿上衣服？

◎早教老师的游戏点评：

妈妈要让宝宝养成随时调整穿着的习惯，这样才可避免伤风感冒，如果在这个年龄不养成这个良好的习惯，则长大后更难以养成。当孩子两三岁的时候，这时幼儿的独立活动要求得到满足，加上成人的支持，将开始建立自我肯定的情感，相反则容易产生退缩行为。大多数活动，包括学习，对于幼儿来说都是新鲜而有趣的，这个时候最容易让宝宝养成良好的生活习惯。

智能培养 | 语言开发 | 数学能力 | 阅读培养 | 习惯培养 | 常识认知 | 观察能力 | 艺术训练 | 逻辑推理 | 空间知觉

第三章 {2～3岁}

左手和**右手**

目　　的	分清楚左右是幼儿空间知觉能力的基础之一。
适合年龄	2岁9个月
练习次数	1天1次，每次10分钟。

2～3岁
52

游戏步骤

让宝宝找一找哪两只手套是一双？

◎ **早教老师的游戏点评：**

让幼儿掌握左右的概念，先要学会以自身为中心来区分左右。在和宝宝游戏的时候，妈妈最好也能将自己当成一个和宝宝同龄的孩子。如果宝宝比较大胆、机灵，妈妈可以在宝宝面前偶尔示弱，激发宝宝解决问题的兴趣，培养宝宝的自信心。

智能培养　语言开发　数学能力　阅读培养　习惯培养　常识认知　观察能力　艺术训练　逻辑推理　空间知觉

193

{亲子智力游戏200个}

风从**哪里**来

2~3岁
53

目　　的　让宝宝想象并表述风从哪里来，锻炼宝宝的想象力，促进宝宝表达能力的发展。
适合年龄　2岁5个月
练习次数　同类知识可一周多次学习。

游戏步骤

1. 妈妈问宝宝："一年四季都有风，它让树叶摇动，让水产生波浪，宝宝能不能告诉妈妈，风是从哪里来的呢？"
2. 根据宝宝的表现，引导宝宝思考、想象。
3. 宝宝说出答案后，妈妈再问原因，鼓励宝宝向妈妈解释。
4. 妈妈得到"风从哪里来"的答案之后，再请教一下宝宝，风是怎样形成的吧！

◎早教老师的游戏点评：

妈妈可以装作是什么都不懂的"学生"，以请教的态度问宝宝问题，这会让宝宝更有成就感，更有思考问题、回答问题的兴趣。如果宝宝的思路不清晰，不能很好地发散思维，妈妈可以用提问的方式帮助宝宝发挥想象，例如，"风吹动了天上的云，吹动了海里的水，它到底藏在哪里呢？"

教宝宝认识时间

目的 用代表时间概念的词来表达生活，也是入园前的一项必要准备。
适合年龄 2岁7个月
练习次数 1天1次，每次10分钟。

第三章 {2～3岁}
2～3岁
54

游戏步骤

1. 妈妈和宝宝一起用1～12个数字，摆成一个圆圈。
2. 用两个不一样长的吸管或者筷子当做时钟的指针。
3. 妈妈把长指针指向12，短指针指向6，告诉宝宝6点了，宝宝要起床了。再把短指针指向3，长指针指向12，告诉宝宝妈妈带你出去玩啦。这样，宝宝就会自己看钟表，到了3点就提醒妈妈宝宝要出去玩。

◎早教老师的游戏点评：

虽然宝宝的时间概念发展大都不如他对时间词汇的掌握，但是学习使用时间词汇，可以增进他们的时间观念。父母可以有意识地在宝宝面前使用时间词汇，如"今年宝宝两岁，明年三岁了"，"明天星期六，我们要去姐姐家"；或者给小孩念唱一些和时间有关的儿歌，如"太阳公公起得早，我们大家来做操"，"小雪花，轻轻飘，告诉我，冬天到"等等。

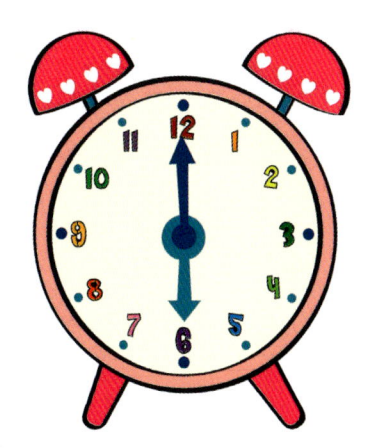

智能培养 语言开发 数学能力 阅读培养 习惯培养 常识认知 观察能力 艺术训练 逻辑推理 空间知觉

195

{亲子智力游戏200个}

小蝌蚪变青蛙

2~3岁 55

目的　了解小蝌蚪生长成青蛙的演变过程。
适合年龄　2岁7个月
练习次数　一次。

游戏步骤

1. 妈妈可以用讲故事的方法告诉宝宝："池塘里有一群快乐的小蝌蚪，它们经常在一起嬉戏，过了几个月，它们都不见了，见荷叶上站着绿油油的小青蛙，这是怎么回事呢？"

2. 妈妈要引导宝宝自己发挥想象力，然后告诉宝宝，小青蛙小时候就是小蝌蚪，长大了就变成小青蛙了，他们会先长出后腿，然后长出前腿。

◎早教老师的游戏点评：

宝宝观察到原来青蛙是由小蝌蚪变化而成的，会感到非常惊奇，可以引导宝宝将观察到的结果用语言描述出来与妈妈一起分享。此时，妈妈要非常高兴并认真地听宝宝讲，如果妈妈表现漫不经心的态度会打击宝宝的自信心。

智能培养　语言开发　数学能力　阅读培养　习惯培养　常识认知　观察能力　艺术训练　逻辑推理　空间知觉

第三章 {2～3岁}

一年有四个季节

目的　认识四季。
适合年龄　2岁8个月
练习次数　每次出去玩的时候要教育宝宝。

2～3岁
56

游戏步骤

1. 妈妈和宝宝在一起，让宝宝想一想，春天来了，小宝宝应该穿什么，外面的树是什么样子呢？

2. 夏天来了，宝宝热不热啊，天气暖和，宝宝穿什么衣服啊，树叶是什么样子啊？宝宝夏天都玩什么呢？

3. 秋天来了，树叶有没有落下来啊，天气凉了吗？

4. 冬天来了，会有什么现象啊，下雨还是下雪啊？宝宝穿什么衣服呢？

春天　　　　夏天

秋天　　　　冬天

◎早教老师的游戏点评：

爸爸妈妈也可以为宝宝找出两张照片（一张夏天的，一张冬天的），先将两幅照片讲给宝宝听，让宝宝知道，冬天很冷，宝宝要穿棉袄，戴围巾、手套、帽子。夏天很热，宝宝出汗了，穿短裤、背心和裙子。让宝宝把自己冬天和夏天的照片分别贴在这两幅画的旁边，看宝宝是否能贴正确。

智能培养　语言开发　数学能力　阅读培养　习惯培养　常识认知　观察能力　艺术训练　逻辑推理　空间知觉

197

{亲子智力游戏200个}

辈分歌

2~3岁 57

目的：了解亲戚之间的关系。
适合年龄：2岁3个月
练习次数：平时随时教。

爸爸、爸爸、爸爸，
爸爸的爸爸叫什么?
爸爸的爸爸叫爷爷。

妈妈、妈妈、妈妈，
妈妈的爸爸叫什么?
妈妈的爸爸叫外公。

爸爸的妈妈叫什么?
爸爸的妈妈叫奶奶。

妈妈的妈妈叫什么?
妈妈的妈妈叫外婆。

爸爸的哥哥叫什么?
爸爸的哥哥叫伯伯。

妈妈的兄弟叫什么?
妈妈的兄弟叫舅舅。

爸爸的弟弟叫什么?
爸爸的弟弟叫叔叔。

妈妈的姐妹叫什么?
妈妈的姐妹叫阿姨。

爸爸的姐妹叫什么?
爸爸的姐妹叫姑姑。

◎早教老师的游戏点评：

这个游戏也是宝宝学习亲属关系的一种手段，是促进宝宝认知发展的催化剂。妈妈说儿歌，宝宝跟着学就可以发现宝宝把整个身心都融入游戏之中，相当专注，并在其中体验着成功的愉悦。

第三章 {2~3岁}

打电话

2~3岁
58

目　　的	让宝宝会通过电话与人交流。
适合年龄	2岁3个月
练习次数	每次同家人接打电话时都可以练习。

智能培养　语言开发　数学能力　阅读培养　习惯培养　常识认知　观察能力　艺术训练　逻辑推理　空间知觉

游戏步骤

1. 向宝宝介绍电话机的用途。

2. 教他怎样拨号、听声、问话、答话以及对拨号音、忙音等提示音的识别。

3. 与宝宝一起模拟打电话。在这个过程中向宝宝传授电话用语，如："您好，请问××在吗？您好，请问找哪位？他不在，需要我为您转告吗？对不起，您打错了"等等。

4. 爸爸妈妈带上手机去另一间房间，让宝宝试着打电话和接电话。熟练后可给爷爷、奶奶或外公、外婆打电话，让宝宝体验一下。

◎早教老师的游戏点评：

打电话是日常生活中与人交流获取信息的方式之一。除了教会宝宝使用电话外，文明用语的传授是十分重要的。教宝宝的过程中要耐心，当宝宝厌倦时就先停下来，不要勉强宝宝。

{亲子智力游戏200个}

我是小司机

2~3岁
59

目的　让宝宝了解各种车的用途。
适合年龄　2岁3个月
练习次数　1天1次，每次20分钟。

游戏步骤

1. 妈妈给宝宝准备几辆不一样的车，有公共汽车、消防车、货车、小汽车等等。
2. 妈妈跟宝宝说："今天我们要去买东西啦，我们坐什么车去呢？""公共汽车！"来吧，宝宝当司机！
3. 用同样的方法让宝宝认识其他车辆的用途。

◎ 早教老师的游戏点评：

持续这样一种有趣的角色扮演游戏，可以让宝宝在游戏中处于主导地位，使宝宝对某个问题的紧张和不安在笑声中化解，进而能让宝宝袒露对这个问题的感受和理解。

第三章 {2~3岁}

吹吹小船

目　　的	让宝宝了解风的力量。
适合年龄	2岁3个月
练习次数	每次洗澡的时候和宝宝一起玩。

2~3岁
60

游戏步骤

1. 妈妈可以用硬纸折一只纸船，在浴缸里放些水，将纸船放进去。

2. 问问孩子，有没有办法让小船跑起来？可以和孩子一起鼓足一口气吹船，看谁吹得远，孩子学会"吹"的动作，可以增加肺活量。还让孩子知道，风的力量可以让小船向前运动，让孩子了解无形的力量。

◎早教老师的游戏点评：

父母在宝宝的日常生活中，注意宝宝的个性特点，善于捕捉教育的最佳时机。如果发现宝宝对哪些方面感兴趣，父母就要着重培养，促使宝宝对感兴趣的事情有更多的了解，这些对于宝宝的潜能开发都是极为有利的。

智能培养　语言开发　数学能力　阅读培养　习惯培养　常识认知　观察能力　艺术训练　逻辑推理　空间知觉

{亲子智力游戏200个}

"小鸡"出壳

2~3岁 61

目　　的	让宝宝了解动物。
适合年龄	2岁5个月
练习次数	玩几次宝宝明白道理了即可。

游戏步骤

1. 家长在报纸的中心剪出一个洞，但不可以完全剪开。

2. 然后，让宝宝在箱子里面坐着，在宝宝头上盖上报纸。这时，家长要喊："小鸡小鸡快出来"。同时，掀开报纸，让宝宝将头露出，代表小鸡的头露了出来，接着拉出宝宝的手，表明小鸡的手露了出来。

3. 最后，从箱子里将宝宝拉出来，这样，小鸡也就出来了。

◎早教老师的游戏点评：

让宝宝了解小鸡孵出来的过程，不一定非要买一只小鸡，等着小鸡孵出来，在日常生活中爸爸妈妈和宝宝一起做个有趣的游戏，既可以让宝宝知道小鸡是如何出生的，又可以让宝宝喜欢这种学习的方式，两全其美。

110、119、120

目　　的	让宝宝了解公共电话号码。
适合年龄	2岁6个月
练习次数	1周1次，记住即可。

2～3岁
62

游戏步骤

1. 妈妈和宝宝模拟打电话的游戏。妈妈说："不好了，有个地方着火了，我们该拨打什么号码呢？119！""哎呀，妈妈好不舒服啊，宝宝帮妈妈叫120急救车吧！""妈妈的东西丢了，怎么办啊？快找警察叔叔吧，给警察叔叔打电话，110！"

2. 妈妈也可以故意把这几个电话号码说错，鼓励宝宝将正确的号码说出来。

◎早教老师的游戏点评：

不要把游戏时间都交给幼儿园的老师，妈妈的作用是不可替代的。宝宝更期待妈妈扮演幼儿的角色和宝宝一起玩儿。但是很多妈妈白天工作很辛苦，承受着太多的压力，因此做不到这一点。但是为了宝宝的成长，妈妈们还是尽量找回自己的童心吧！

120 中国急救电话号码

110 中国报警电话号码

119 中国火警电话号码

{亲子智力游戏200个}

抓小米

2~3岁 63

目　的	提高宝宝的注意力。
适合年龄	2岁3个月
练习次数	3天1次，每次15分钟。

游戏步骤

准备大米、小米、黄豆等大小、质感不同的谷物。先让宝宝摸一摸这些谷物，再让他讲一讲是什么感觉。然后，让宝宝闭上眼睛再摸，看他能不能猜出摸到的是什么谷物。

◎早教老师的游戏点评：

培养宝宝认知环境和物体的能力，就要求爸爸妈妈平时无论做什么事都要对宝宝边做边说，特别是宝宝经常接触的事物和经常看到的物体，都可以用语言强调，让宝宝去感知。

小手帕

目 的	提高宝宝观察细节的能力。
适合年龄	2岁5个月
练习次数	每周1次，换形式玩。

2～3岁
64

游戏步骤

1. 妈妈为宝宝准备出4～5条漂亮的小手帕，在宝宝面前一一展示，告诉宝宝手帕上图形的名称、颜色，吸引宝宝去摸摸手帕，感觉一下。

2. 在其中一条手帕上用黑色笔做一个小标记，并指给宝宝看。将做了标记的手帕混入另外几条中，让宝宝找出作了标记的小手帕。

◎早教老师的游戏点评：

手帕上可爱美丽的图案能很好地刺激宝宝对颜色、图形的认知，加上让其找出做了标记的手帕的环节，宝宝的记忆力也将得到很好的加强。

{亲子智力游戏200个}

2~3岁
65

缺图拼画

目　　的　提高宝宝观察力和对事物之间联系的认知能力。
适合年龄　2岁6个月
练习次数　1天1次，换图案玩。

游戏步骤

1. 妈妈让宝宝仔细看看下面的这张图片，空白部分应该是下面哪张图片呢？
2. 宝宝想一下，然后指出来哪个是图片中缺少的部分。

◎早教老师的游戏点评：

有时候宝宝并不是不知道问题的答案，而是不能够将问题本身与答案的内在关系找出来。这时候，妈妈所要做的就是帮助宝宝架构起这座逻辑思维的桥梁，帮助他去理解，引导他去找出答案。

这个是对的

第三章 {2～3岁}

贴五官

目　　的	提高宝宝的观察及动手能力。
适合年龄	3岁
练习次数	每周1次，换图案玩。

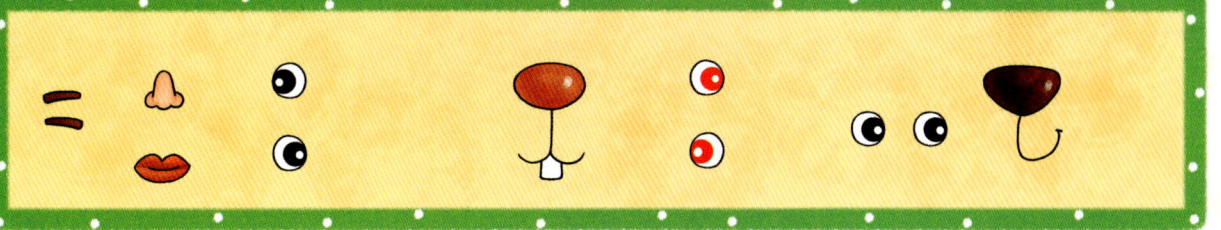

2～3岁
66

游戏步骤

1. 一张硬纸板，纸板上面画上人脸的轮廓，可加上头发之类，使头形更为生动。制作好可贴眉毛、眼睛、耳朵、鼻子、嘴。

2. 另外，贴五官游戏，可发展到贴其他事物，例如贴小兔子、小熊等等。从中让宝宝了解各类动物的外形特征。

◎早教老师的游戏点评：

指导宝宝贴五官时要注意根据宝宝的年龄特点，不强求脸部的比例，只求五官的位置基本合理就可以了。

智能培养　语言开发　数学能力　阅读培养　习惯培养　常识认知　观察能力　艺术训练　逻辑推理　空间知觉

207

{亲子智力游戏200个}

好眼力

2~3岁 67

目　　的　提高宝宝专注力、观察力和记忆力。
适合年龄　3岁
练习次数　每周1次，换图案玩。

游戏步骤

1. 妈妈让宝宝仔细看看下面的这张图片，图片上都有什么啊，宝宝要好好看，然后记下来。
2. 妈妈把书合上，让宝宝说一下刚才图片上画的是什么，那些小动物都在干什么呢？

◎ 早教老师的游戏点评：

从小培养宝宝对自己记忆力的信心。妈妈对自己感兴趣的东西往往很容易记住，对自己不感兴趣的东西，就要强迫自己花力气去记住。而宝宝往往做不到这一点，对不感兴趣的东西很难记住。因此要宝宝学习某种知识或技能时，不能靠强迫命令，而是要激发其学习兴趣。

智能培养　语言开发　数学能力　阅读培养　习惯培养　常识认知　观察能力　艺术训练　逻辑推理　空间知觉

208

第三章 {2～3岁}

涂鸦

目　　的	建立初步的空间感知意识。
适合年龄	2岁
练习次数	1天1次，每次10分钟。

2～3岁
68

游戏步骤

当宝宝悠闲地坐着时，给他几张纸和一根蜡笔，让宝宝在纸面上随便涂画。无论画得怎样，都要给予表扬。

◎早教老师的游戏点评：

爸爸妈妈一定不要错过这个训练宝宝绘画能力的良机，激发他们的兴趣，让宝宝用画画来表达自己的想法，同时还能开发宝宝的空间视觉智能。

智能培养　语言开发　数学能力　阅读培养　习惯培养　常识认知　观察能力　艺术训练　逻辑推理　空间知觉

209

{亲子智力游戏200个}

音乐停我就停

2~3岁 69

目 的	让宝宝感受音乐的旋律。
适合年龄	2岁4个月
练习次数	每周1次，每次10分钟。

游戏步骤

1. 妈妈和宝宝一起跳舞，由爸爸来放一段音乐。

2. 音乐声音响起，妈妈和宝宝就开始跳舞，音乐声音一停，妈妈和宝宝就都不许动。等音乐声音再次响起，妈妈和宝宝就再次开始跳舞。

◎ 早教老师的游戏点评：

这种时刻，是家庭生活中最浪漫温馨的时刻，不仅可以大大地促进母子亲情，还可以培养宝宝对音乐和舞蹈的领悟能力。

第三章 〔2~3岁〕

今天宝宝做东

目的　提高宝宝的动手能力和绘画能力。
适合年龄　3岁
练习次数　同类知识可一周一次学习。

2~3岁
70

游戏步骤

妈妈教宝宝做请柬，可以先用画笔在卡片上做出一张请柬的模子，让宝宝学着画。画好后领着宝宝去小伙伴家里发放请柬，并和他们的爸爸妈妈打好招呼，让小伙伴一定要来做客。等到小伙伴们来了以后，让你的宝宝把点心都分给他们。

◎早教老师的游戏点评：

妈妈和宝宝一起进行绘画游戏、手工游戏。当宝宝看到自己的杰作时，他会兴奋地跑来叫我们看。当然我们也会夸夸宝宝做得好，此时他就更高兴了。

211

{亲子智力游戏200个}

认识乐器

2~3岁 71

目　　的　建立初步的空间感知意识。
适合年龄　3岁
练习次数　1天1次，每次10分钟。

- 小提琴
- 低音提琴
- 琵琶
- 扬琴
- 大提琴
- 萨克斯
- 长号
- 中提琴
- 吉他
- 圆号
- 三弦
- 双簧管
- 短笛
- 二胡

智能培养　语言开发　数学能力　阅读培养　习惯培养　常识认知　观察能力　艺术训练　逻辑推理　空间知觉

捏 早餐彩泥

目　　的	训练宝宝的想象力、动手能力，从而训练宝宝右脑反应能力。
适合年龄	3岁
练习次数	3天1次，每次20分钟。

2～3岁
72

游戏步骤

在制作早餐这个彩泥作品的时候，要将两个鸡蛋做成大小不一的形状，使其更加逼真。

◎ 早教老师的游戏点评：

宝宝的手还比较稚嫩，控制能力还不强，妈妈要注意不要让宝宝把黏土弄到眼睛里或嘴里，游戏后要帮宝宝把手清理干净。

步骤 1 取红色、绿色、白色彩泥各一块。

步骤 2 将绿色彩泥压成饼状的盘子。

步骤 3 红色和白色彩泥也做成小的饼状荷包蛋，放在盘子上。

步骤 4 取一块黄色软泥搓成圆柱形面包，黑色彩泥搓成条状巧克力装饰。

步骤 5 将各部分粘贴在一起，完成。

第三章 {2～3岁}

智能培养　语言开发　数学能力　阅读培养　习惯培养　常识认知　观察能力　艺术训练　逻辑推理　空间知觉

213

{亲子智力游戏200个}

捏**小鱼**彩泥

2~3岁 73

目　　的	训练宝宝想象力、动手能力、右脑反应能力。
适合年龄	3岁
练习次数	3天1次，每次20分钟。

游戏步骤

小鱼的鱼鳍如果粘贴不牢靠，可以使用牙签穿起来。

◎ 早教老师的游戏点评：

1. 妈妈可先用黏土做出不同造型，让宝宝模仿。
2. 等宝宝上手后，可以让宝宝自由创作，随意捏出想要的造型，妈妈可在旁边协助，并搭配说故事。如果宝宝玩心大发，还可以陪他一起发挥创意，玩起故事接龙。

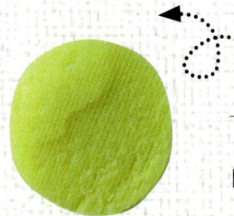

步骤 1 取一块黄色的彩泥。

步骤 2 将黄色彩泥捏成椭圆形，作为鱼的身体。

步骤 3 取一块蓝色的彩泥，捏出鱼的背鳍、胸鳍和尾鳍。

步骤 4 用黑色和白色的彩泥做成眼睛，取一些其他颜色的彩泥做成小鱼身上的图案。

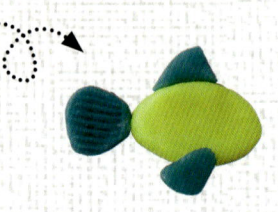

步骤 5 用捏好的背鳍、胸鳍和尾鳍粘到鱼的身体。

步骤 6 将各部分粘贴在一起，完成。

画沙画

目 的	3天1次，每次20分钟。
适合年龄	3岁
练习次数	3天1次，每次20分钟。

游戏步骤

1. 找足够多的沙土放在大盆子或塑料布上面，让宝宝发挥自己的想象力作画。
2. 爸爸妈妈可以引导宝宝作画，比如妈妈说："宝宝先画一片树叶吧，画一个小猫吧。"沙土可塑性强，宝宝可以反复多次练习。

◎ 早教老师的游戏点评：

妈妈也可以尝试着和宝宝一起自制玩具，一般受宝宝喜欢而制作简易的玩具有：纸折玩具、布制玩具、泥塑玩具、插杆玩具，还有小瓶、小石头粘成的各种玩具，用废罐头盒做的小拉车，用碎木头做的小动物，用纸盒做的小房子、家具，用蛋壳做的不倒翁等。

唱歌表演

2~3岁 75

目 的	让宝宝敢于表现自我。
适合年龄	3岁
练习次数	晚餐后随时找机会。

游戏步骤

1. 宝宝学会唱一首新歌后，可请宝宝在茶余饭后给大家表演一下。

2. 爸爸妈妈可以用手或乐器轻打节拍伴奏。如果宝宝能顺利表演，应及时给予鼓励。有时也可由爸爸或妈妈先来一段，然后再请宝宝出场，营造一种其乐融融的家庭环境。

◎早教老师的游戏点评：

如果宝宝不愿唱或唱不好，也不要强求，找合适的机会再试一两次。不要说宝宝"害羞"，因为这个年龄的宝宝还不知道"害羞"的意思。

粉刷匠

目的	让宝宝多唱歌，提高对音乐的感觉。
适合年龄	3岁
练习次数	1天2次。

2～3岁
76

我是一个粉刷匠，粉刷本领强。
我要把那新房子，刷得更漂亮。
刷了门来又刷墙，刷子飞舞忙。
哎哟我的小鼻子，变呀变了样。

◎早教老师的游戏点评：

　　无论是乐曲还是歌曲，内容必须健康，情绪积极向上，符合宝宝的身心特点，成人化的歌词和激烈的节奏对宝宝来说都是不适合的。

{亲子智力游戏200个}

新年好

2~3岁 77

目　　的	让宝宝多唱歌，提高对音乐的感觉。
适合年龄	3岁
练习次数	1天2次。

新年好呀，新年好呀，
祝福大家新年好。
我们唱歌，我们跳舞，
祝福大家新年好1

◎ 早教老师的游戏点评：

　　唱歌是使宝宝进入音乐天地最自然的途径。宝宝喜欢唱歌，唱歌就像宝宝生活中的一个亲密伙伴，日常生活中我们常常能听到他们玩耍、休息、游戏活动的时候用愉快的歌声来表达自己愉快自然的心情和与人交流的欲望。

1=F

1 1 1 5 3 3 3 1 1 3 5 5

4 3 2 — 2 3 4 4 3 2 3 1

1 3 2 5 7 2 1 —

智能培养　语言开发　数学能力　阅读培养　习惯培养　常识认知　观察能力　艺术训练　逻辑推理　空间知觉

218

英文字母歌

目　　的	让宝宝多唱歌，提高对音乐的感觉。
适合年龄	3岁
练习次数	1天2次。

2～3岁
78

ABCDEFG,
HIJKLMN,
OPQ,
RST,
UVW,
XYZ,
XYZ,
Now you see,
I can say my A B C.

◎早教老师的游戏点评：

　　宝宝常常会因为胆小、害羞，在唱歌的时候不能唱好，不敢把声音唱出来。此时，妈妈怎样鼓励宝宝去尝试，如何引导宝宝愿意大胆、自然的唱歌，激发宝宝的表演欲望，让宝宝去体验自己成功的无穷乐趣呢？

　　妈妈要先给宝宝表演一遍，表演时要配合夸张的表情和动作，这样就很容易将宝宝的情绪调动起来。

{亲子智力游戏200个}

折小马

2~3岁
79

目　　的　让宝宝多动手，提高专注力。
适合年龄　3岁
练习次数　每周2次，每次10分钟。

游戏步骤

折叠小马的时候要注意步骤4和步骤6，还有在选用纸张上尽量选择比较硬的纸，可以更好地体现立体效果。

◎早教老师的游戏点评：

折叠的过程中，每一步要尽量压实，这样折出来的成品效果才会更好。

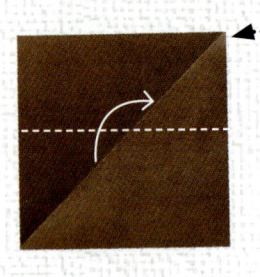

步骤 1 取一张正方形纸，沿虚线向后折。

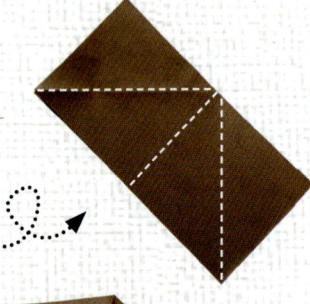

步骤 2 沿虚线对折。

步骤 3 沿虚线由内向外翻折。

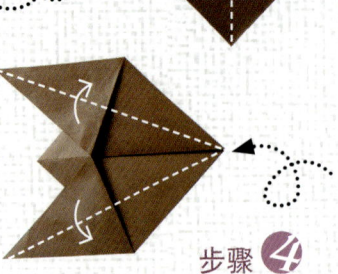

步骤 4 沿虚线向后折。

步骤 5 背面也按照步骤4的方法进行折叠。

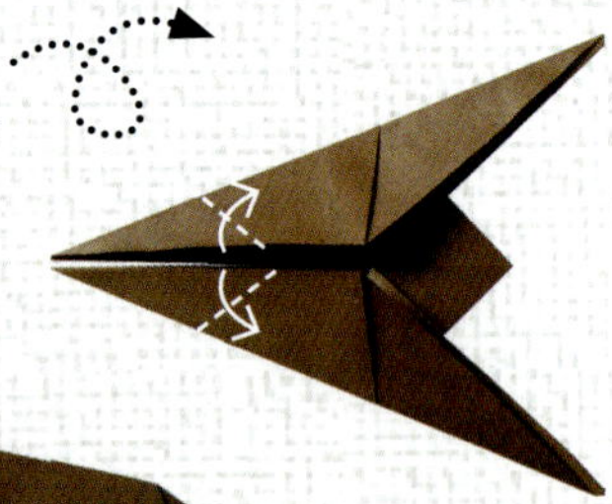

步骤 6 沿虚线向箭头方向折出小马的头和尾。

步骤 7 将小马的嘴多余部分用剪刀剪掉，再将尾巴向后翻折，完成。

第三章 {2~3岁}

折螃蟹

目　的	锻炼手指能力。
适合年龄	3岁
练习次数	每周1次，每次30分钟。

2~3岁
80

游戏步骤

在制作螃蟹的时候尽量使用硬一点的纸，这样折出的螃蟹更逼真。

◎ 早教老师的游戏点评：

注意步骤3的折法，如果宝宝折叠的位置不太准确，妈妈要先帮宝宝折出一面，然后让宝宝折出另一面。

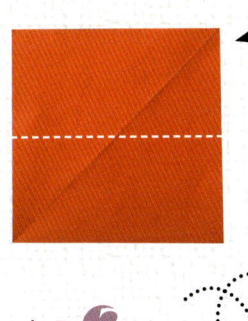

步骤 1 沿虚线向箭头方向将正方形折成长方形。

步骤 2 沿虚线向箭头方向对折。

步骤 3 折成双三角形，再将下面两角沿虚线向箭头方向折。

步骤 4 翻转到背面，沿虚线向箭头方向折叠。

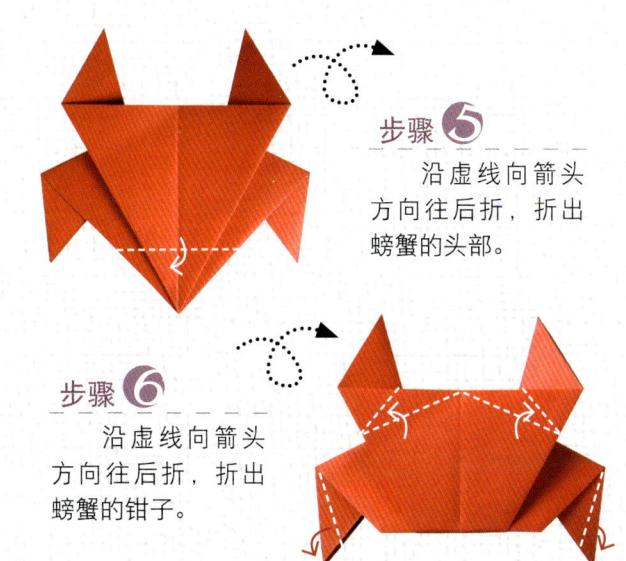

步骤 5 沿虚线向箭头方向往后折，折出螃蟹的头部。

步骤 6 沿虚线向箭头方向往后折，折出螃蟹的钳子。

步骤 7 完成。

智能培养　语言开发　数学能力　阅读培养　习惯培养　常识认知　观察能力　艺术训练　逻辑推理　空间知觉

221

{亲子智力游戏200个}

2~3岁 81 废物变宝

目　　的　让宝宝懂得爱护环境、不浪费资源。
适合年龄　3岁
练习次数　每周1次，每次30分钟。

游戏步骤

毛线和碎纸屑在粘贴的过程中比较麻烦，最好准备几根牙签，方便粘贴。

◎早教老师的游戏点评：
碎纸屑也可以选择五颜六色的纸片进行制作。

步骤 1 取一张彩色卡纸作为底板。

步骤 2 在卡纸上用画笔画出仙人掌的图案。

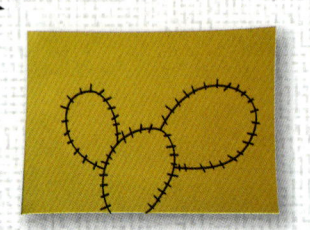

步骤 3 准备一段绿色毛线和碎纸屑。

步骤 4 将毛线按图案剪成适当长度后用胶水粘贴上去。

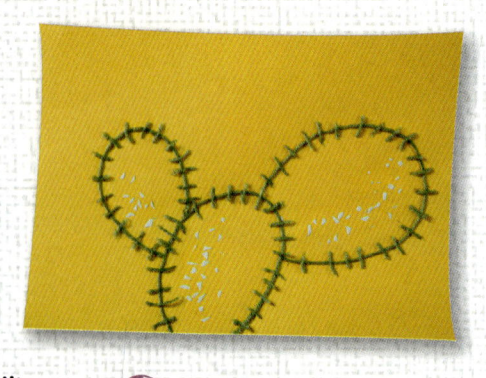

步骤 5 毛线粘贴后将卡纸上涂抹一些胶水，撒上纸屑作为装饰，仙人球就完成了。

米粒粘贴画

目 的	认识各种粮食，锻炼手指能力。
适合年龄	3岁
练习次数	每周1次，每次30分钟。

2~3岁 82

游戏步骤

在制作鲨鱼的时候尽量使用大米和黑米，使鲨鱼的属性更加明显。

◎ 早教老师的游戏点评：

注意米粒的疏密程度，米粒太多堆积在一起容易粘贴不牢。

步骤 1 取一张彩色卡纸作为底板。

步骤 2 在卡纸上用画笔画出鲨鱼的图案。

步骤 3 将毛线按图案剪成适当长度后用胶水粘贴上去。

步骤 4 将卡纸上涂抹一些胶水，将米粒粘贴好，鲨鱼就完成了。

{亲子智力游戏200个}

2~3岁 83 扣子分类

目　　的 训练宝宝逻辑思维能力，让宝宝发现物体之间的关系。
适合年龄 3岁
练习次数 1周1次。

游戏步骤

1. 准备4种不同颜色的扣子，每种5~6个，给宝宝4个小纸盒，让宝宝把不同颜色的扣子分开（红色、绿色、黄色、白色）。

2. 再给宝宝4种不同形状的扣子（方形、三角形、圆形、花形），每种5~6个，让宝宝把不同形状的扣子分开，放入小纸盒中。

◎ 早教老师的游戏点评：

　　分类过程是一个理解的过程，本身就已经具有记忆的功能，宝宝一边在分类，一边在理解，一边就已经在记忆了。

智能培养　语言开发　数学能力　阅读培养　习惯培养　常识认知　观察能力　艺术训练　逻辑推理　空间知觉

224

第三章 {2~3岁}

西瓜皮的妙用

目　　的	让宝宝通过联想推理。
适合年龄	3岁
练习次数	1周1次。

2~3岁
84

游戏步骤

妈妈让宝宝看看下面的3张图，然后妈妈让宝宝说一说西瓜皮还有哪些用处呢？鼓励宝宝说得越多越好。

◎ 早教老师的游戏点评：

妈妈在让宝宝回答西瓜皮的用途的时候，不要拘泥于真实可行的用途，可让宝宝充分发挥想象力。

图片 1
西瓜皮可以当雨伞

图片 2
西瓜皮可以当帽子

图片 3
西瓜皮可以当小船

智能培养　语言开发　数学能力　阅读培养　习惯培养　常识认知　观察能力　艺术训练　逻辑推理　空间知觉

225

{亲子智力游戏200个}

填空缺

2~3岁 85

目　　的　训练宝宝逻辑思维能力。
适合年龄　3岁
练习次数　1周1次。

游戏步骤

妈妈让宝宝看看下面的图，请宝宝想一想空着的格子里应该是哪个小动物呢？请从右边的3种小动物中找一找，并用"○"圈出来。

◎早教老师的游戏点评：

排序其实是一项艰苦的脑力劳动，需要妈妈对宝宝进行耐心的、强有力的训练，特别是在起始阶段，要进行反反复复不间断的强化训练。

答案　小羊

第三章 {2~3岁}

彩绘 **纸卡** 配对

2~3岁
86

目 的	培养宝宝的辨别能力。
适合年龄	3岁
练习次数	1周1次。

游戏步骤

分别拿取动物与植物两大类图卡，运用故事让其配对，增加关联性。例如，鱼与海洋、牛与草原、蜜蜂与花朵等，由妈妈先介绍不同卡片上的事物后，再任意抽出卡片，询问其相对应的图卡。

◎早教老师的游戏点评：

判断和推理是逻辑性思维，推理是从一个判断或几个判断推出另一个新的判断的思维形式。它是间接认识的必要手段。爸爸妈妈必须在宝宝具体形象思维的基础上去发展宝宝的抽象逻辑思维。

智能培养　语言开发　数学能力　阅读培养　习惯培养　常识认知　观察能力　艺术训练　逻辑推理　空间知觉

227

{亲子智力游戏200个}

2~3岁 87 猜一猜这是谁

目 的	训练宝宝的听觉辨别力。
适合年龄	2岁4个月
练习次数	1天1次，1次5分钟。

游戏步骤

1. 爸爸或妈妈在被窝里发出不同动物的叫声，比如狼的叫声、狗的叫声、狮子的叫声等，让宝宝猜猜藏在被窝里的是什么动物。

2. 然后换宝宝藏起来，模仿动物的声音，让爸爸妈妈猜是什么动物。

◎ 早教老师的游戏点评：

宝宝已开始能对生活中熟悉的事物进行正确的推理。培养宝宝的推理能力首先要丰富儿童的生活，使他积累大量的事物和现象的印象，打好正确推理的理性基础。

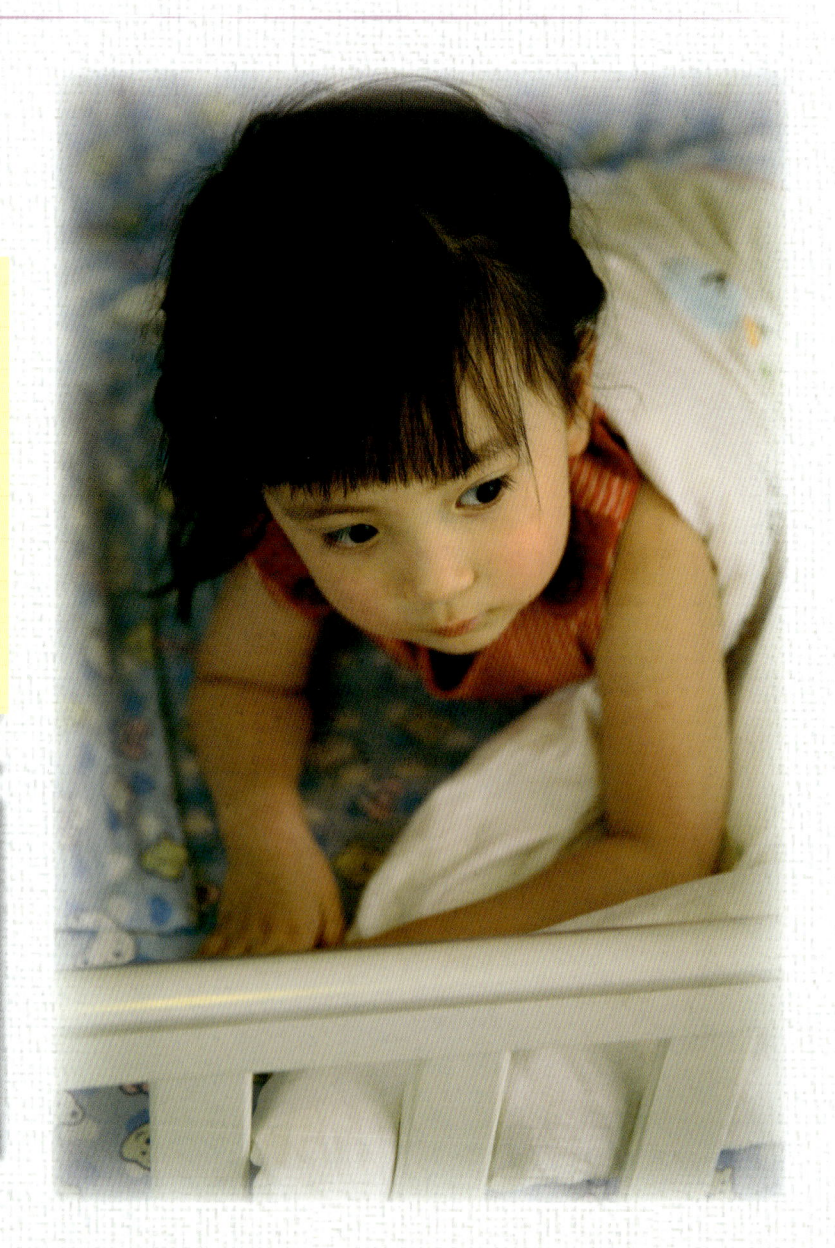

小手小手变变变

目　　的	训练思维反应能力。
适合年龄	3岁
练习次数	1天1次，1次5分钟。

2～3岁 88

游戏步骤

爸爸妈妈和宝宝都把手藏在各自身体的后面。爸爸妈妈和宝宝一起说："小手小手藏起来，小手小手变变变！"每次都鼓励宝宝变出不一样的动作。如变成一把枪、一只小狗、数字八、小兔的耳朵、一个三角形等等。妈妈和宝宝还可以相互学习对方的动作哦！

◎ 早教老师的游戏点评：

知识不能全靠机械的记忆，知识更多的是在实践中获取，宝宝掌握规律性的知识越多，就越能促进判断力和推理思维的发展。一些传统游戏如"拳头、剪刀、布"、"丢手绢"等，可以让宝宝在较短的时间内，学会应用判断推理解决问题。

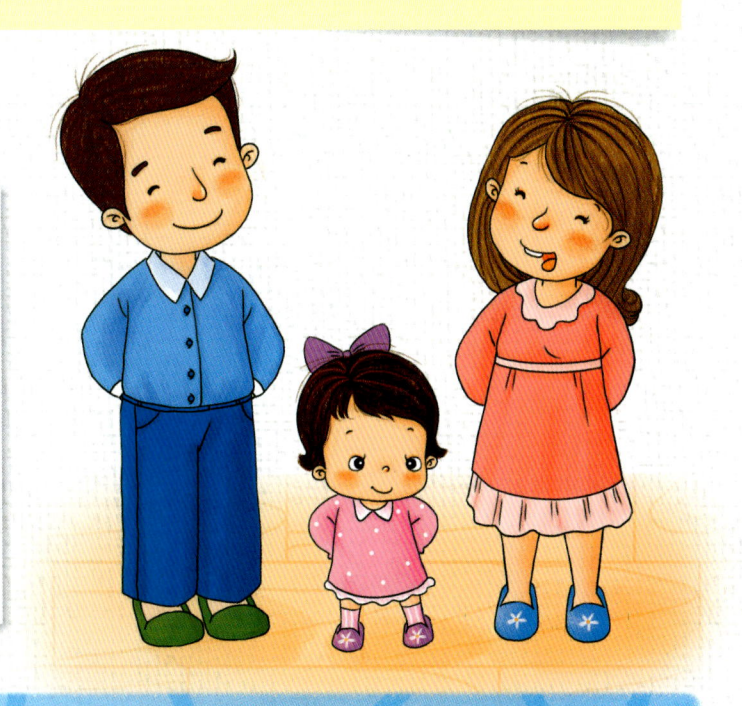

229

{亲子智力游戏200个}

2~3岁 89 猜拳

目　　的　训练宝宝的反应能力和手指动作的精确性。
适合年龄　3岁
练习次数　1天1次，每次10分钟。

游戏步骤

爸爸妈妈和宝宝一起玩"石头、剪刀、布"的游戏。可以定个奖惩的方法，谁输了就做家务或者蹦蹦跳、学小狗叫都可以。

◎ 早教老师的游戏点评：

以上活动并不是孤立进行的，在教宝宝掌握一个新内容的同时，往往穿插复习前一阶段的内容。这样，宝宝学过的东西不断得到巩固加深，使眼、手、口、脑的配合日趋准确、协调和灵活。

第三章 {2～3岁}

画地图

2～3岁
90

目　　的 通过画地图游戏初步建立前、后、左、右等空间概念。
适合年龄 3岁
练习次数 每周1次，每次10分钟。

游戏步骤

1. 用一张果园的地图和宝宝玩这个游戏。

2. 让宝宝找一找各种水果在什么地方啊？苹果园在哪儿？西瓜园在哪儿？如果我们想去大门口，应该怎么走过去呢？

3. 引导宝宝用笔画出路线图。

◎ 早教老师的游戏点评：

方位与空间的认知教育可让宝宝从自身的前、后、左、右方位开始找寻。例如，爸爸妈妈可以先让宝宝了解自己的面前有什么？身后有什么？右边有什么？左边有什么？

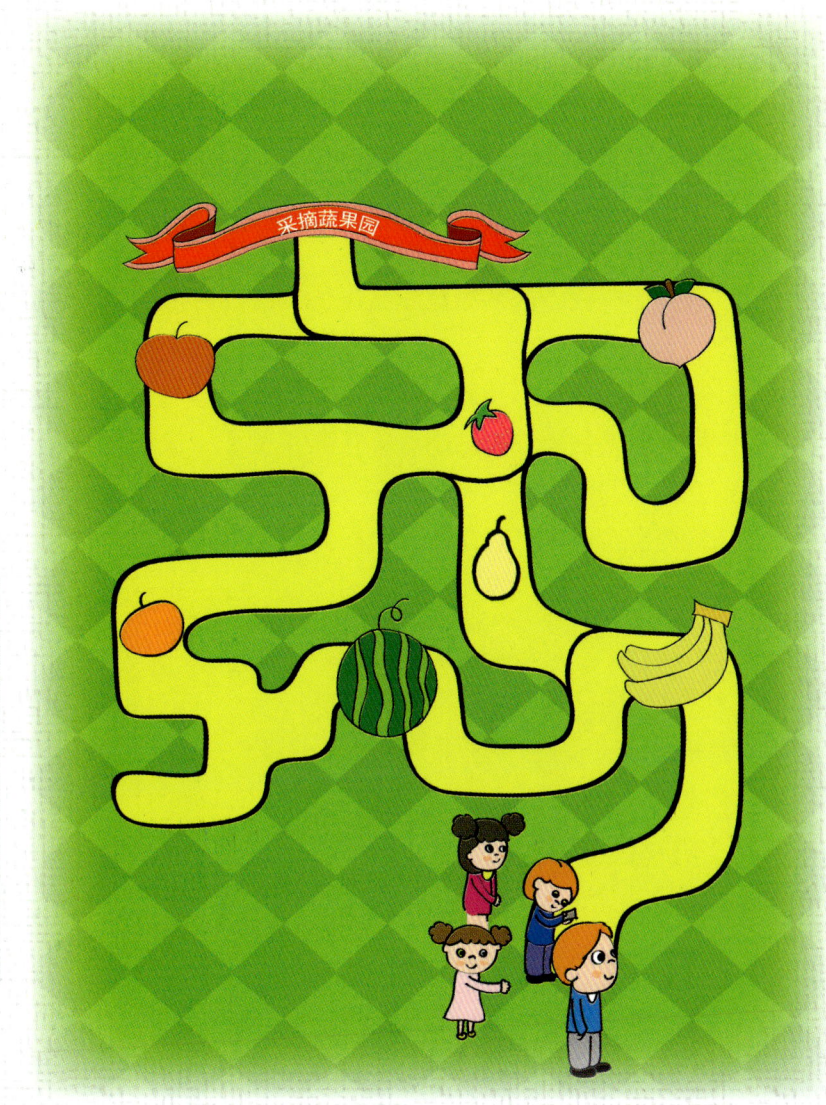

采摘蔬果园

智能培养　语言开发　数学能力　阅读培养　习惯培养　常识认知　观察能力　艺术训练　逻辑推理　空间知觉

231

{亲子智力游戏200个}

宝贝看世界

2~3岁 91

目的	建立初步的空间感知意识。
适合年龄	3岁
练习次数	1天1次，每次10分钟。

游戏步骤

1. 宝宝睡醒之后或宝宝状态比较好时，带宝宝到窗前或阳台上。

2. 妈妈指着远处的东西（如房子），对宝宝说："宝宝，离我们远远的地方有房子，大房子。"然后指着近处的东西（如盆栽），对宝宝说："宝宝，离我们近近的地方有花朵，红红的花朵。"

3. 带宝宝到屋里，指着玩具对宝宝说："宝宝，屋里有宝宝的小汽车，小汽车在桌子上。"并引导宝宝看小汽车。

4. 只要宝宝的视野所及，爸爸妈妈都可以用语言进行方位提醒。

◎早教老师的游戏点评：

这个游戏没有时间、场地的限制随时都可以玩。借助语言提示的方式，让宝宝接受远、近、里、外、上、下等方位词语的刺激，能帮助宝宝建立初步的空间感知意识，有助于宝宝接下来的空间智能的发展。同时，多和宝宝说话还有助于宝宝语言能力的发展。

学小鸟飞啊飞

目 的	巩固空间方位概念。
适合年龄	2岁5个月
练习次数	每周1次,每次10分钟。

游戏步骤

1. 让宝宝双手手心相对,交叉相握,2个大拇指相顶做鸟头,其余4指做翅膀。通过两手心的开合及手指的上、下运动,做出小鸟飞翔状,爸爸妈妈可提出向上、向下、向前、向后等要求。

◎ 早教老师的游戏点评：

此时的宝宝通过观察能够判断出大小、上下、内外、前后、远近等空间概念。这个时候,家长可以利用游戏很好地发展宝宝空间视觉能力,比如说位置、识别物体大小、各种标志等,这是将视觉刺激和智力开发相结合的一种好方式。

{亲子智力游戏200个}

2~3岁

93

捉迷藏

目的 通过隐藏和寻找，增加宝宝的方位感，巩固宝宝对方位的认识，提高宝宝的视觉空间智能。

适合年龄 3岁

练习次数 1天1次，每次15分钟。

游戏步骤

1. 准备一些动物玩具。

2. 出示动物玩具，让宝宝选一个玩具，然后妈妈把宝宝选出的玩具藏起来，请宝宝找一找，能够激发宝宝玩捉迷藏的兴趣。

3. 妈妈背向宝宝，宝宝藏起来，然后妈妈找宝宝，找的时候妈妈大声说出宝宝可能会藏的位置，例如，在被子里、在门后、在床下等。

4. 宝宝背向妈妈，妈妈藏起来，等宝宝找到妈妈后，引导宝宝说说是从哪里找到妈妈的。

5. 给宝宝玩具，让宝宝按照妈妈说的位置放玩具，如头上、口袋里、背后、桌子上、椅子下等。

◎ 早教老师的游戏点评：

在游戏过程中，妈妈可以制造一些声音，让宝宝根据声音的位置、距离、远近判断来找；对于所藏的玩具，可以通过空间方位的叙述来提示宝宝，例如："宝宝，你的玩具在哪里？在电视机的右边、故事书的下面，找找看吧！"然后让宝宝自己去找找，看能不能找到。

积木块

目　　的	使宝宝对物体的形状、大小有所认识。
适合年龄	2岁2个月
练习次数	1天1次，每次15分钟。

游戏步骤

1. 妈妈给宝宝仔细看看一个积木块（或一定大小和形状的圆球、硬片等玩具），然后让宝宝快速跑到装有各种形状积木块的盒子里，取回和妈妈手中形状相似的积木块。

2. 妈妈显示积木块的时间可短可长，盒子距离可远可近，盒子里积木块的形状可少可多，宝宝可走步取回，也可跳着、跑步去取，还可规定取回的数量和时间等。

◎早教老师的游戏点评：

为了进一步增强空间感，可以让宝宝在盒子中爬进爬出，在各种家具中出、进、绕行、上、下等，或者到大自然中去穿梭，在树林、草丛、山洞中，都可以增强宝宝空间感的发展。

{亲子智力游戏200个}

拼图

2~3岁 95

目 的	拼图是一种平面组合的概念，在局限的2D范围里拼出一个物品，一个合乎逻辑的东西。
适合年龄	2岁2个月
练习次数	1天1次，每次15分钟。

游戏步骤

妈妈买任意一款宝宝喜欢的拼图给宝宝玩。宝宝拼之前妈妈可以先做示范，让宝宝了解如何操作。等宝宝会拼了，就放手让宝宝自己动手。

◎早教老师的游戏点评：

拼图需要宝宝耐心的操作，以及手眼协调能力，只要一不协调就不能将色块放在正确的位置。一开始不会拼的宝宝，只要多练习几次自然就会了。当宝宝从一堆杂乱无章的小小拼图中拿取其中一片时，他必须要先想：这究竟是原图的哪个部分呢？随着一片又一片的小拼图的拼凑，宝宝的想象空间会逐渐丰富。

第三章 {2～3岁}

踩影子

目　　的	训练宝宝对影子和身体形状的认知。
适合年龄	2岁4个月
练习次数	每周1次，每次5分钟。

2～3岁
96

游戏步骤

爸爸妈妈和宝宝一起在太阳下玩耍，太阳照在地面上会在地上出现一个影子，叫宝宝用脚踩影子，爸爸妈妈可以变换方向慢慢跑动，宝宝就追着影子跑。过了一会儿，爸爸妈妈可以跑到房子旁或树阴下休息一会，影子就被遮挡住了，就告诉宝宝影子不见了，让宝宝也休息一下。几分钟后，大人再次跑到太阳下面，并告诉宝宝影子又出来了，让宝宝继续追赶影子。

◎早教老师的游戏点评：

在户外的阳光下妈妈的影子一定会射在地上，这时候就可以让宝宝来踩妈妈的影子，宝宝要随着妈妈移动的方向和跑动的快慢来改变自己移动的方向和快慢。

智能培养　语言开发　数学能力　阅读培养　习惯培养　常识认知　观察能力　艺术训练　逻辑推理　空间知觉

237

{亲子智力游戏200个}

比较厚薄

2~3岁 97

目　　的	训练宝宝对薄厚的认知。
适合年龄	2岁2个月
练习次数	每周1次，每次5分钟。

智能培养　语言开发　数学能力　阅读培养　习惯培养　常识认知　观察能力　艺术训练　逻辑推理　空间知觉

游戏步骤

让宝宝拿一本薄一点的书，再拿一本厚一点的书，让宝宝进行对比。并引导宝宝说出"我的书比你的书厚"或"你的书比我的薄"，然后鼓励宝宝寻找一本更厚的书。

◎早教老师的游戏点评：

空间感训练，主要是让宝宝认清各个方位，了解远近、厚薄等，将近3岁的宝宝基本上已经具备这种能力，妈妈平时可以用更加丰富的游戏来增强宝宝对空间的感知能力。

第三章 {2～3岁}

看**手影**

2～3岁
98

目的	强化宝宝动手能力和手指协调能力。
适合年龄	2岁7个月
练习次数	每周1次，每次10分钟。

游戏步骤

晚上的时候，爸爸用手在光（可以用手电筒）的照射下作出各种形状，如狗、孔雀等，让宝宝模仿。

◎ 早教老师的游戏点评：

手影游戏是每个宝宝晚上都玩过的游戏，宝宝都会感觉很神奇，影子真的很神奇。爸爸妈妈要适时地激发宝宝对手影游戏的兴趣，爸爸妈妈可以用影子表示小鸟飞、小狗叫，越是动态的动作宝宝越感兴趣。

螃蟹

兔子

猫头鹰

狐狸

智能培养　语言开发　数学能力　阅读培养　习惯培养　常识认知　观察能力　艺术训练　逻辑推理　空间知觉

239